Marco Ferra

Paulo Freire

La libertà in pedagogia

ANICIA

ISBN: 9788867094882
Prima edizione: gennaio 2020

Via S. Francesco a Ripa, n. 67
00153 Roma - Tel. (06) 5898028/5882654
Sede legale: Via di Trigoria, n. 45
00128 Roma
www.edizionianicia.it - info@anicia.it / editoria@anicia.it

Alla memoria di mio nonno,
Antonio Marchese, maestro elementare.

Il peggior analfabeta è l'analfabeta politico.
Bertolt Brecht

Indice

Introduzione

L'opera pedagogica pratico-teorica di Paulo Freire presenta molti elementi di estremo interesse, a cominciare dalla sua radicalità: la serie di critiche che lui muove all'educazione tradizionale sono pressanti, urgenti, stimolano riflessioni su cui ogni educatore dovrebbe essere chiamato a interrogarsi, perché è nella posizione indagatrice radicale che è possibile riconoscere la propria posizione relativa, il proprio itinerario attuativo, i propri limiti rispetto a ciò che si ritiene corretto o erroneo. Il dialogo, come vocazione naturale dell'essere umano, può essere infatti rivolto a se stessi, alla propria coscienza, cui lo studio dell'opera di un autore come Freire (ma più in generale di *ogni* autore) può fornire elementi interlocutori che sfidano le proprie convinzioni culturali. La rivalutazione delle proprie idee, su ogni piano di visione, è parte del processo costante di insegnamento-apprendimento che nell'opera del pedagogista brasiliano riveste un ruolo di primaria importanza. Nel solco di altri grandi educatori e teorici della conoscenza, da Herbart[1] a Rousseau[2], da Dewey[3] a Montessori[4], da Gentile[5] a Makarenko[6], attenti alle trame di relazioni che

---

[1] Cfr. I. Volpicelli, *Costruzione e struttura della pedagogia generale. Saggio su Herbart*, Pensa Multimedia, Lecce 2016.

[2] Si veda la sezione monografica dedicata a Rousseau del «Nuovo Bollettino CIRSE» n. 2/2012, Edizioni ETS.

[3] Cfr. G. Spadafora, *L'educazione per la democrazia. Studi su John Dewey*, Anicia, Roma 2015.

[4] Cfr. G. Cives, *Maria Montessori. Pedagogista complessa*, ETS, Pisa 2001.

[5] Cfr. A. Lo Schiavo, *Introduzione a Gentile*, Laterza, Roma-Bari 1986.

[6] Cfr. C. Carpinelli, *L'attualità dell'insegnamento di Anton Semënovič Makarenko*, in «Gramsci oggi», n. 4-5 [2010]. Riguardo a questi ultimi due pedagogisti, mi permetto inoltre di rinviare a due miei articoli in cui ho inserito un paragrafo per ognuno, in cui presento elementi di comparazione tra alcune loro idee e quelle di Freire. Per Gentile, si veda M. Ferrari, *Estensione o comunicazione? Analisi di un contributo di Paulo Freire al processo teorico-pratico dell'educazione comunicativa*, in Pati L. (a cura di), *La memoria familiare*,

compongono il mondo e perciò stesso al rapporto tra docente e discente, tra scuola e società[7], tra sviluppo e formazione[8], Freire pone l'esperienza pratica come fonte della conoscenza e della produzione teorica; adottando una prospettiva dialettica, sintetizza la relazione tra i due momenti ritornando dalla teoria prodotta a una pratica rinnovata, foriera di ulteriori conoscenze.

Così, la prassi educativa è *pratico-teorica*, più che teorico-pratica, in quanto l'aspetto fondamentale dell'esperienza è la realtà concreta, la vita e il portato esistenziale delle persone coinvolte nell'atto educativo; fondare la prassi pedagogica sulla teoria è, secondo Freire, un atteggiamento intellettualista e accademico chiuso all'apporto esterno di culture altre, formate nella concretezza dei rapporti reali e spesso per questo considerate invalide, inferiori. Un'educazione che si ponga come prassi trasformatrice della realtà, anziché come mera riproposizione di elementi già dati e conosciuti, esige l'apertura al mondo, l'immersione nella rete di relazioni, integrando organicamente la sfera razionale e la sfera sentimentale, la ragione strumentale e la ragione comunicativa; superando la separazione e la frammentazione dell'esperienza in vista di una pedagogia umanizzante, rivolta alla formazione di persone capaci di partecipare in maniera attiva ai processi storici, sociali e politici in cui sono coinvolti.

Questa organicità si riflette in ogni aspetto della vita e del lavoro. Per questo è importante comprendere in quale modo la radicalità della pedagogia freiriana sia connessa agli eventi storico-biografici personali e collettivi, locali, nazionali e globali[9]. La pedagogia della liberazione, l'educazione dialogica e critica, già fortemente alternative alle prassi più diffuse nel contesto europeo, assumono una carica di-

---

Rivista «La Famiglia», n. 50/260 – Annuario 2016, Editrice La Scuola, Brescia. Per Makarenko, si veda M. Ferrari, *A proposito degli oppressi. Forme ed esperienze di interventi educativi nella prospettiva pedagogica freiriana*, in «I problemi della pedagogia», n. 1/2019, Anicia, Roma.

7 Cfr. M. Baldacci, *Per un'idea di scuola. Istruzione, lavoro e democrazia*, FrancoAngeli, Roma 2014.

8 Cfr. G. Bertagna (a cura di), *Educazione e formazione. Sinonimie, analogie, differenze*, Studium, Roma 2018.

9 Mi permetto di rinviare, per una visione d'insieme, a M. Ferrari, *L'attualità di Paulo Freire in riferimento alla società occidentale*, in L. Pati (a cura di), *La conciliazione famiglia-lavoro*, Rivista «La Famiglia», n.48/258 – Annuario 2014, Editrice La Scuola, Brescia.

rompente nel contesto brasiliano e latinoamericano, per l'evoluzione storica dell'educazione e della pedagogia nella più grande ex-colonia dell'impero portoghese, divenuta impero a sua volta e poi repubblica. Per questo motivo il presente lavoro intende fornire elementi di studio sulla cultura pedagogica del Brasile dal XVI al XX secolo, in modo da sottolineare la particolarità e l'originalità della proposta di Freire, non nel senso di qualcosa di compiuto in sé o addirittura di avulso, ma al contrario di rielaborazione critica del portato culturale e delle interazioni socio-culturali in cui l'autore ha vissuto e si è formato, scegliendo si assumere una prospettiva di opposizione dialettica. Sono prese in esame anche linee fondamentali della cultura latinoamericana più direttamente legate alle posizioni di Freire e dei movimenti per le riforme di base, ossia l'alternanza di fasi democratiche e fasi dittatoriali nella storia brasiliana, la fondazione della Teologia della Liberazione, la natura peculiare delle interpretazioni teoriche e realizzazioni pratiche del marxismo *periferico* (rispetto alla centralità euro-asiatica del marxismo ortodosso), nonché l'ambito culturale dei movimenti di contestazione degli anni Settanta, in cui si iscrivono ulteriori elaborazioni pedagogiche radicali che, al pari dell'educazione dialogica, hanno posto in dubbio la validità e l'accettabilità dell'educazione formale, della pedagogia normativa e della stessa istituzione scolastica. Tutto ciò converge nelle opere di Freire, lungo i decenni, portandolo ad allargare la sua lettura del mondo attraverso l'esperienza sul campo e il confronto con contesti culturali e sociali sempre diversi, dalla regione del *Nordeste*[10] del Brasile, dove sono le sue radici, alle missioni internazionali per l'alfabetizzazione, agli incontri con numerosi altri pedagogisti, filosofi e studiosi, fino al ritorno in patria dopo anni di esilio, per partecipare alla ri-democratizzazione del paese dopo la dittatura militare, recuperando l'idea di scuola popolare come laboratorio di cittadinanza globale.

L'opera di Freire è multidisciplinare, spazia dalla filosofia all'antropologia, dalla comunicazione alla sociologia, mantenendo una tensione politica in ogni suo sviluppo. È radicale, in quanto mette in discussione le fondamenta contenutistiche dell'educazione tradizio-

---

[10] La regione del nordest costituita dagli Stati di Alagoas, Bahia, Ceará, Maranhão, Paraíba, Pernambuco, Piauí, Rio Grande do Norte e Sergipe. È una delle zone ancor oggi meno sviluppate del Brasile. Freire era originario di Recife, capitale del Pernambuco.

nale, al di là delle questioni di organizzazione; l'aderenza alla realtà, ai rapporti materiali e culturali delle persone coinvolte nel processo educativo, nasce dalla visione degli uomini e delle donne come esseri sociali, le cui identità e possibilità non sono un'espressione astratta bensì una costruzione comunicativa e collaborativa. Per questo ogni attività umana, in quanto interazione, ha un valore educativo; per questo ogni luogo esperienziale (la famiglia, l'impresa, le associazioni ecc.) deve assumere e portare avanti un compito educativo, non solo nell'ambito della formazione professionale, ma in ogni ambito della vita, nella prospettiva di una *società educante* che amplifichi il processo formativo al di là della scuola. L'attribuzione quasi esclusiva a quest'ultima della funzione pedagogica è vista da Freire come un ostacolo all'efficacia (e non all'efficientismo) dell'educazione, in quanto privilegia l'impostazione formale, accademica e tecnicista dell'apprendimento; la concezione dialogica propone di modificare tale impostazione includendo lo scambio comunicativo dialettico tra insegnanti e allievi, che abolisce l'unidirezionalità gerarchizzata della trasmissione del sapere, per implementare la condivisione reticolare del sapere a partire dallo stimolo della curiosità e dell'indagine. L'attribuzione di senso tramite la ricerca delle ragioni che sottendono alle materie studiate e alle informazioni condivise, senza alcuna piatta memorizzazione inconsapevole, apre alla possibilità di formare il pensiero critico e perciò di interrogare la realtà, svelarne le caratteristiche occulte e attuare prassi politiche per la trasformazione in senso democratico e partecipativo. Un lavoro che si rivela certo difficile e sarà possibile compiere solo nella misura in cui sarà sviluppata un'azione culturale educativa liberatrice, nei diversi campi dell'attività umana e in ogni livello della società.

Dal punto di vista filosofico, Freire definisce la sua posizione come *progressista e postmoderna*. Critica infatti l'idea della modernità scientifica come *mitizzazione della certezza*: la necessità di avere certezze sulla natura del mondo è una caratteristica della cultura rinvenibile lungo tutto il corso della storia, come risposta ai dubbi e alle insicurezze che il tessuto instabile della realtà ripropone. La mancanza di certezze è divenuta in alcuni casi talmente pressante da generare problemi di convivenza civile, "risolti" con la dogmatizzazione delle conoscenze acquisite in ogni data epoca; è stato così con la religiosità, divenuta rigida e oscurantista, ed è così con la modernità scientifica, che si trasforma in *scientismo*, per cui la certezza ottenuta con metodi rigorosi, l'esattezza dei risultati, la collezione dei dati ecc. diventa un mito, un dogma per cui l'unica conoscenza valida, l'unica forma di ragione e di vocazione legittima della natura umana è la razionalità strumentale e logica. Ciò, secondo Freire, ha portato a negare l'importanza e l'influenza della sfera affettiva, dei desideri e dei sentimenti, nella pratica del conoscere, nell'indagine del reale, mutilando l'organicità dell'essere umano. Per questo ritiene che la postmodernità, intesa in senso progressista, riapra il gioco della ragione e del sentimento; essa non dovrebbe intendersi come una fase di incertezza totale, priva di ideologie e di continuità storica, di rotture e di confronti, indefinita nella durata e per questo virtualmente neutrale ed eterna. Semmai, dovrebbe intendersi come un congiunto di caratteristiche che si sviluppano all'interno della storia, in quanto costruzione sociale della natura umana e pertanto soggetta a interpretazioni sia progressiste che conservatrici, perché non è esente da contrasti e rotture. Essere allora postmoderno in senso progressista vuol dire assumere l'incertezza e l'instabilità come terreno fertile per l'azione comunicativa, lontano da concezioni deterministe che sclerotizzano il divenire del mondo e dell'essere umano; pedagogicamente, implica il rispetto dell'allievo come soggetto attivo del processo, interagente nella costruzione di ciò che ancora non è conosciuto, partendo dalla discussione di ciò che si conosce già, svelando verità invece di occultarle.

La visione dialettica e postmoderna che Freire assume è incompatibile con l'idea di inesorabilità, di destino deterministico dell'evoluzione umana e sociale. Il futuro non è dato, non è sicuro e prevedibile, ma si costruisce con la *lotta*, ossia la prassi politica, sociale e storica che cambia da spazio-tempo a spazio-tempo (il ricorso a tale concetto scientifico è simbolico della collocazione delle differenze in ogni luogo e momento storico con caratteri propri). La stessa *umanizzazione*, intesa da Freire come vocazione ontologica delle persone a raggiungere la piena espressione della propria natura, l'*essere-di-più* che rende in grado di emanciparsi e allo stesso tempo è frutto dell'emancipazione come processo liberatorio, non è data e certa. Essa costituisce la storia della lotta di liberazione condotta dagli oppressi, contro la disumanizzazione imposta dagli oppressori attraverso lo sfruttamento economico e il dominio culturale; ma questo rapporto non è a senso unico: per Freire è importante comprendere che l'oppressore disumanizza anche se stesso, e la liberazione emancipa anche chi opprime, impedendo di perpetuare l'oppressione. La pratica educativa odierna, bisogna aggiungere, è legata per Freire a prospettive pragmatiche che negano la dimensione umanizzante tanto negli ambienti culturali conservatori, quanto negli stessi ambienti progressisti: se nei primi si perpetua la gerarchia culturale, arrivando a negare dignità a interi campi di saperi e sentimenti con fare quasi puritano, nei secondi persiste uno snobbismo intellettualista che vede nella superiorità dell'educazione accademica la giustificazione per costruire la cultura rivoluzionaria e liberatrice da calare sulle classi subalterne, senza lavorare insieme a esse, consultandole e comprendendole.

La storia, intesa come possibilità, non è mossa da meccaniche deterministe, per questo non può essere compresa senza concepire l'idea (o forse la categoria?) del *sogno*, dell'*utopia* e della *speranza*: dando a questi termini una accezione realistica e non meramente sentimentale, Freire intende per «sogno» la spinta personale e collettiva verso la concretizzazione delle proprie aspirazioni; per «utopia», il progetto di un mondo migliore, verso cui puntare e far tendere ogni azione, come orizzonte e direzione; per «speranza», la capacità di continuare sul proprio percorso formativo ed esistenziale restando fedeli a se stessi e al proprio coinvolgimento etico, affrontando e superando le avversità e le battute d'arresto che portando verso la disperazione. L'accezione realistica sta nel fatto, dunque, di intendere questa categoria come una guida comportamentale e una progettualità in corso d'opera, inserita nel flusso del divenire per cui, una volta fissato l'obiettivo, ciò che conta non è raggiungerlo in modo perfetto, ma lavorare e collaborare per approssimarsi il più possibile alla sua realizzazione. Il contrario, ossia l'accettazione dell'esistente come inevitabile, la semplice attesa di un cambiamento esterno, l'immobilismo che genera la disperazione, toglie qualsiasi energia e qualsivoglia senso all'agire umano, alla lotta, alla prassi educativa. Probabilmente è per questo che, secondo Freire, le classi dominanti hanno più interesse a lasciare quelle subalterne nell'ignoranza e nella visione ingenua del mondo, per non rischiare di stimolare sogni e speranze che le spingano ad agire e a partecipare alla costruzione della storia; difficilmente di lotta senza speranza, senza un sogno da concretizzare e un'utopia verso cui puntare. In questo senso, la pratica dell'educazione progressista e liberatrice è una *denuncia* dell'esistente, delle perversità del sistema socio-economico guidato dall'ideologia neoliberista (in generale, ma tenendo anche conto della prospettiva del Brasile alla fine degli anni Novanta), che ha conseguenze disumanizzanti, la cui natura deve essere svelata; al tempo stesso, è un *annuncio* della possibilità di costruire un futuro più etico e moralmente giusto, attraverso il lavoro collettivo stimolato da un'educazione non appiattita su logiche pragmatiche, bensì impostata come un'avventura rivelatrice.

A questo punto risulta evidente come nel pensiero di Freire la dimensione razionale dell'analisi politica di matrice marxista eterodossa e la dimensione spirituale e teologica del personalismo cristiano e liberatore si uniscano in una commistione suggestiva, ma anche difficile da valutare criticamente, generando di volta in volta entusiastiche adesioni o stroncature integrali. Si tratta senza dubbio, come si accennava all'inizio, di una proposta radicale sin dai suoi presupposti, di fronte alla quale non si può evitare di interrogarsi e provare a capire fin dove si è disposti ad accettarla, dove invece la si rifiuta, e comprendere le ragioni delle risposte date a se stessi. Leggere Paulo Freire, studiarlo, è di per sé una applicazione del suo stesso metodo, in quanto la sua militanza nell'educazione politica non fornisce schemi e risposte precostituite, ma stimola con forza nuove domande, nuovi ragionamenti, nuove prospettive, al di là delle contingenze, senza mai perdere di vista l'organicità dell'esperienza esistenziale collegata a dati luoghi e momenti.

Capitolo primo

La cultura pedagogica in Brasile

1.1. Evoluzione storica e istituzionale

Ricostruire in breve il percorso dell'educazione brasiliana si rivela utile e necessario per collocare le proposte di Paulo Freire nella giusta prospettiva, sottolineandone la radicalità rispetto a un contesto socio-culturale che per lungo tempo è stato soggetto a idee dominanti "importate" (e dunque subite), nel quadro di questioni nazionali che continuano ad avere un peso non indifferente sulle scelte educative e pedagogiche del Brasile contemporaneo.

Durante il periodo coloniale, l'educazione era completamente nelle mani dei gesuiti. Nelle missioni come nei collegi, istruzione e catechesi erano collegate in maniera inscindibile; il Brasile era solo una delle molte realtà in cui la Compagnia di Gesù forgiava il suo metodo di insegnamento, basato sull'organizzazione degli studi in un sistema di classi e corsi, oltre che su una ferrea disciplina. I gesuiti nelle missioni si concentravano sull'alfabetizzazione dei figli dei coloni e la conversione degli indios, difendendo questi ultimi dallo schiavismo, ma procedendo anche a cancellarne la cultura in nome della superiore civiltà europea[11].

Nel periodo dell'Indipendenza e della fondazione dell'Impero del Brasile, durante il XIX secolo, l'interesse per la crescita nazionale si rifletteva anche nell'ambito educativo. Dopo un primo periodo concentrato sui compiti immediati della formazione dei quadri, il sistema scolastico acquistò gradualmente caratteri moderni, nonostante le dif-

[11] Tale dualismo arriva al termine dopo circa duecento anni, con la loro espulsione dal Portogallo e dalle sue colonie durante l'era pombalina (confronta *infra*, Marchese di Pombal) in cui il dispotismo illuminato della Corona procede a numerose riforme ispirate alle idee illuministiche del XVIII secolo, tra le quali vi è la formazione di una istruzione pubblica laica, sotto il controllo dello Stato.

ficoltà nella pianificazione a lungo termine degli obiettivi educativi. Non era ancora possibile parlare di una pedagogia effettivamente *brasiliana*, ma, soprattutto nella seconda metà dell'Ottocento, il dibattito sulle necessità educative e didattiche si aprì alle innovazioni europee e nordamericane, si diffusero collegi e scuole, si cominciò a percepire l'importanza della formazione dei docenti e la dignità dei corsi tecnici professionalizzanti. Permanevano invece questioni legate alle differenze di ceto, alla schiavitù, alla disparità di genere e alle resistenze verso discipline laiche come le scienze naturali, oltre a una generale disorganizzazione del sistema educativo, cui mancavano risorse adeguate e competenze specialistiche.

Nel XX secolo, infine, dopo la trasformazione in repubblica e le vicissitudini della costruzione di uno stato moderno, l'alternanza di governi democratici e dittature ha posto di volta in volta obiettivi peculiari nella impostazione pedagogica dell'educazione. La complessità data dall'avvento della società di massa, il coinvolgimento sempre maggiore nelle questioni internazionali e il susseguirsi di fasi progressive e di regressioni autoritarie, hanno fatto da sfondo alla formazione di Paulo Freire e delle sue idee rivoluzionarie nel campo dell'alfabetizzazione; presto, sebbene in modo drammatico, si sarebbero aggiunte esperienze internazionali di fondamentale importanza per l'approfondimento di una prospettiva politica e spirituale che, partendo da un'educazione come presa di coscienza, si amplia fino a diventare una *weltanschauung* dell'umanità e della centralità della persona.

1.2. La grande colonia

In questa fase, la storia del paese in ogni suo aspetto non può essere svincolata dal ruolo che il Portogallo occupava nel contesto europeo: esso manteneva la stessa linea delle potenze cattoliche della Controriforma, avversa ai cambiamenti che stavano avvenendo in paesi come la Francia e l'Inghilterra. Sul piano culturale, la Corona portoghese conservava un'impostazione medievale, incentrata sullo studio della religione quale unica fonte di conoscenza, laddove il Rinascimento stava gradualmente preparando il terreno a una cultura umanistica più libera e critica. Il ruolo di primo piano assunto dai gesuiti fu dovuto al fatto che essi, rispetto ad altri ordini, non si ritiravano nei conventi, ma affrontavano lunghi viaggi in ogni parte del mondo allo scopo di propagare il cristianesimo e convertire le popolazioni considerate "selvagge". Il modo migliore per attuare questa evangelizzazione era l'educazione dei giovani, dato che gli adulti mostravano spesso una decisa resistenza; dunque, il tratto fondamentale dell'espansione gesuitica divenne l'azione pedagogica, mediante la creazione dei collegi[12].

Oltremare, il Brasile era una grande colonia latifondista dove l'educazione non era una priorità, in quanto l'impegno nelle funzioni del lavoro agricolo (basato più che altro sulla schiavitù) non richiedeva una formazione specifica. Tuttavia, l'obiettivo religioso e politico della diffusione e preservazione del cristianesimo nelle colonie favorì la nascita delle *missioni*, il cui lavoro era tanto pedagogico quanto di controllo della fede: la religione manteneva saldi i legami con la madrepatria. L'arrivo dei primi gesuiti, guidati da padre Manuel da Nóbrega, diede l'avvio alla fondazione di scuole elementari e secondarie e di seminari; la diffusione di queste istituzioni nel Brasile durò oltre due secoli, fino all'espulsione dell'ordine voluta dal

---

[12] I maestri gesuiti seguivano regole codificate nella *Ratio Studiorum*, che proponeva regole pratiche sull'educazione e la sua organizzazione amministrativa. L'insegnamento nei collegi era suddiviso in *Studia inferiora* e *Studia superiora*: i primi comprendevano un primo ciclo di tre anni, in cui si insegnava grammatica latina, letteratura classica, retorica e scienze umane; si affrontava anche un secondo ciclo, anch'esso di tre anni, dedicato a filosofia, logica, scienze naturali, cosmologia, psicologia, arte, fisica aristotelica, metafisica e filosofia morale. Gli *Studia superiora* duravano quattro anni e riguardavano la teologia, aprendo la strada alla formazione sacerdotale. Lo studio del latino prevedeva la perfetta padronanza della lingua anche nelle conversazioni, così che gli allievi potessero impararlo allo stesso livello della lingua d'origine; in questo senso, il latino svolgeva ancora la funzione di linguaggio universale, come nel Medioevo. Gli autori dell'epoca classica erano studiati tanto nei contenuti quanto nello stile e nell'espressione, producendo riassunti e adattamenti; al contrario, gli autori moderni erano severamente vietati, in quanto pericolosi per l'integrità morale. La didattica si basava su esercizi ripetitivi, per facilitare la memorizzazione: una volta a settimana gli allievi ripetevano tutte le lezioni dei giorni precedenti, aiutati dai più bravi che, riprendendo l'organizzazione militare romana, erano responsabili di gruppi di allievi, dei quali supervisionavano gli studi e segnalavano errori e mancanze. A ciò si collegava anche lo sprone a emulare gli allievi migliori, a competere attraverso gare di erudizione e forme di gioco didattico, come lo scontro tra fazioni in cui le classi venivano divise. Coloro che riuscivano a distinguersi erano premiati alla presenza dei familiari. Questa organizzazione didattica necessitava dell'internamento dei bambini e dei giovani, con vacanze brevi per garantire la vigilanza su di essi e le abitudini morali acquisite. Cfr. L. Franca, *O método pedagogico dos jesuítas: o "Ratio Studiorum"*, Livraria Agir Editora, Rio de Janeiro 1952.

Marchese di Pombal. La catechizzazione degli *indios*, l'educazione dei figli dei coloni, la formazione di nuovi sacerdoti e di una *élite* culturale si accompagnarono al controllo delle attitudini morali e della pratica di fede della popolazione, formata da avventurieri, soldati, contadini, indigeni dagli usi e linguaggi sconosciuti. L'adattamento dei sacerdoti alle condizioni del nuovo mondo fu rapida, dando impulso alla loro espansione: padre Nóbrega organizzò strutture di insegnamento come il Collegio di Santo Ignazio, da cui sorgerà la città di São Paulo; padre Aspiculeta Navarro fu il primo gesuita a imparare il *tupi-guarani*, la lingua degli indigeni; il novizio José de Anchieta diventerà uno dei più prolifici evangelizzatori[13]. L'incontro tra i valori europei e la cultura indigena si risolveva spesso in uno scontro, vista la condanna cristiana di usanze alla base della società tribale indigena, e tra i colonizzatori prevalevano due atteggiamenti opposti: da un lato, di fronte a gente *senza legge né fede*, molti coloni ritenevano impossibile civilizzare gli indigeni; dall'altro, i missionari consideravano gli *indios* un "foglio in bianco" su cui poter imprimere i valori morali cristiani ed europei. I gesuiti, forti della convinzione che il cristianesimo fosse universale e che il suo messaggio potesse esaltare le somiglianze tra esseri umani anziché le differenze, si concentrarono sull'educazione dei *curumin*[14], non ancora del tutto integrati nelle credenze sciamaniche della tribù d'origine, educandoli al fianco dei figli dei coloni. Sostituirono i canti nativi con gli inni cristiani e, successivamente alla morte di Nóbrega, privilegiarono l'insegnamento della lingua portoghese contro il *tupi-guarani*. Tuttavia lo studio e l'elaborazione di una grammatica *tupi-guarani* fu tipica del primo periodo della colonizzazione, per la traduzione dei testi adatti alla catechesi e all'istruzione dei missionari.

La fondazione vera e propria delle missioni come ambiente di vita organizzata fu dovuta alla difficoltà di consolidare le conversioni degli indigeni al cristianesimo. L'ordine religioso si rese presto conto dell'insufficienza di un'evangelizzazione basata sulla permanenza temporanea dei missionari nei villaggi, spesso seguita da tensioni con

---

[13] Cfr. F. Azevedo, *A cultura brasileira: introdução ao estudo da cultura no Brasil*, Editora UnB, Brasilia 1963.

[14] I figli degli *indios*.

i coloni, il cui interesse verso gli *indios* era dettato dal bisogno di manodopera schiava. Decisero pertanto di costituire missioni lontano dalle città, sull'orlo della foresta amazzonica e sulla costa, da nord a sud. Nelle aree deputate alla vita della missione, le tribù indigene venivano trasferite dai villaggi alle case costruite appositamente, dove apprendevano il modello di vita europeo, regolato secondo la disciplina gesuitica. L'educazione, come si è detto, veniva impartita a tutti i bambini, indigeni e coloni; in seguito, si rafforzò la tendenza a differenziare tra catechizzati (i primi) e istruiti (i secondi): mentre per i figli degli indigeni si curava prevalentemente la conversione al cristianesimo, per i figli dei coloni l'istruzione si estendeva agli studi superiori, adatti alla formazione dell'*élite*. Nei collegi, la formazione partiva dall'insegnamento del latino, della grammatica e dell'arte, in seguito si presentava l'alternativa tra lo studio della teologia e la preparazione alle professioni *profane*, come il medico o il giurista, per le quali si prevede lo studio nelle università del Portogallo, in particolare l'Università di Coimbra. I gradi d'istruzione riflettevano la tradizione portoghese di incanalare i figli verso varie carriere a seconda della loro posizione nella gerarchia familiare.

Per un certo periodo, tra il Cinquecento e il Seicento, la Corona portoghese fu unita alla Corona di Spagna, con conseguenze politiche ed economiche di lunga durata. Di conseguenza il Brasile, come le altre colonie portoghesi, divenne oggetto di attacchi da parte di potenze straniere nemiche della Spagna; l'invasione olandese del Pernambuco, con la perdita di larghe zone costiere nel nord est, ne fu l'esempio più grave. Intanto proseguivano le spedizioni dei *bandeirantes*, esploratori coloniali che conquistavano nuovi territori e ampliavano i confini brasiliani, e quindi il dominio del Portogallo, molto al di là della linea stabilita con il Trattato di Tordesillas[15]. Le missioni diventavano bersaglio degli esploratori, interessati alla riduzione in schiavitù delle tribù indigene; la difesa degli *indios* dalla

[15] Stilato nel 1494 tra la Corona spagnola e la Corona portoghese, il Trattato segnava la virtuale divisione del mondo in due zone coloniali, per cui le terre a est del 46° meridiano sarebbero appartenute al Portogallo, quelle a ovest alla Spagna. Secondo questo schema, solo una porzione relativamente piccola dell'attuale Brasile avrebbe potuto essere colonizzata dai portoghesi, mentre le spedizioni dei *bandeirantes* hanno attivamente conquistato territori per il Portogallo.

violenza dei *bandeirantes* spinse i missionari a spostare le installazioni in zone più protette, per esempio le rive del fiume Uruguay, dove gesuiti portoghesi e spagnoli costituirono una *riduzione*, un nucleo attorno al quale si strutturarono sette missioni, note come *Sete Povos*[16]. Con l'alfabetizzazione e l'insegnamento agli *indios* di arti e mestieri, come le pratiche agricole e l'allevamento, la fabbricazione di utensili, strumenti musicali, orologi, ceramiche, imbarcazioni e via dicendo, le missioni raggiunsero l'autosufficienza.

L'educazione delle *élite* nelle colonie restava comunque ancorata alla visione religiosa, privilegiando lo studio delle opere classiche e della Bibbia, a scapito delle scienze naturali che in Europa stavano invece conoscendo uno sviluppo molto rapido. Gli studi riservati alla classe dirigente erano perciò caratterizzati da una sorta di astrattezza, di lontananza dalla realtà contingente della colonia rurale. Lo studio nelle città europee divenne allora un canale di accesso a realtà metropolitane avanzate, rispetto alla società rurale e al modello patriarcale di famiglia presente nelle colonie; la vita nelle università europee contribuiva ad allargare gli orizzonti dei giovani coloni e a dar forma concettuale ai sentimenti di insoddisfazione dell'*élite* coloniale nei confronti dello stato di cose. Ma la società coloniale restava comunque esclusivista, la mobilità sociale data dall'istruzione era ristretta a pochissimi coloni bianchi, l'analfabetismo era la condizione più diffusa. Le donne erano escluse dall'educazione al pari degli schiavi neri e dei loro figli; solo i mulatti, nel corso del tempo, fecero pressione per accedere all'istruzione, di cui un esempio fu la *questione dei ragazzi meticci*: i collegi avevano proibito l'immatricolazione dei meticci perché *troppi e turbolenti*, ma essendo scuole pubbliche dovettero rinunciare alla politica discriminatoria per non perdere i sussidi che ricevevano[17]. In generale questo atteggiamento etnocentrico, che favoriva il trapianto della cultura europea nella colonia, creava al-

[16] I cosiddetti *Siete Pueblos*, o *Sete Povos* in portoghese (come traduzione diretta della parola *pueblo*, che vuol dire sia «popolo» che «villaggio») e conosciuti in italiano anche come Missioni Orientali, erano São Francisco Borja, São Luiz Gonzaga, São Nicolau, São Miguel Arcanjo, São Lourenço Mártir, São João Batista e Santo Ângelo Custódio. Le loro rovine sono oggi una meta turistica e la chiesa di São Miguel è stata dichiarata patrimonio dell'umanità dall'Unesco.

[17] Cfr. M.L.S. Ribeiro, *História da educação brasileira: a organização escolar*, Autores Associados, Campinas 2001.

tresì una spaccatura tra la cultura dell'*élite* e la cultura popolare, nera e indigena, disprezzata come espressione dell'imperfezione di esseri inferiori, i quali devono essere "riformati" attraverso l'educazione. La musica, le credenze religiose, i saperi pratici di questi larghi strati di popolazione, nonostante l'influenza ancora oggi enorme sulla cultura del Brasile, rimasero a lungo tagliati fuori in modo esplicito dall'educazione formale. Tuttavia è interessante scoprire che, nonostante la percezione dei lavori manuali come lavori privi di qualificazione, l'insegnamento dei mestieri ebbe per vie informali un valore sociale inclusivo: l'apprendimento specialistico delle pratiche artigianali era aperto a schiavi e uomini liberi, a neri, *indios* e meticci, in un ambiente di lavoro privo di gerarchie e regolamenti, con la possibilità, per chi sapeva insegnare, di trasferirsi nei centri urbani e formare nuovi artigiani[18]. L'influenza dei gesuiti in Brasile si mantenne in ogni caso estremamente solida, lontano dai cambiamenti e dalle crisi che si avvicendavano in Europa sia in ambito politico che culturale; questa stabilità dell'educazione gesuitica contribuì, da un lato, a uniformare la cultura e il pensiero nella crescente vastità dei territori brasiliani, dall'altro a neutralizzare le differenze tra etnie e tradizioni nel segno dell'universalismo religioso, nonché del dominio coloniale portoghese.

Nel Settecento, mentre in Europa la diffusione delle idee liberali e i prodromi della rivoluzione industriale preludevano alla crisi dell'assolutismo, il declino del Portogallo diventò sempre più evidente. Non riuscendo ad accompagnare le trasformazioni produttive ed economiche degli altri paesi, la Corona investì sul rafforzamento delle strutture statali, puntando a una riorganizzazione amministrativa improntata al dispotismo illuminato, il cui massimo esponente era il primo ministro Sebastião José de Carvalho e Melo, Marchese di Pombal[19]. La gestione di tali riforme, durante un periodo che prese il nome

[18] Cfr. L.A. Cunha, *O ensino de oficios artesanais e manufatureiros no Brasil escravocrata*, in S.M. Manfredi, *Educação profissional no Brasil*, Cortez, São Paulo 2002.

[19] Il Marchese di Pombal (1699-1782) fu Segretario di Stato per gli Affari interni durante il regno di Giuseppe I il Riformatore, dal 1750 al 1777, ed è considerato una figura carismatica, ma controversa. Governò con pugno di ferro, imponendo riforme di ampio respiro sia in patria che nelle colonie, volte a modernizzare gli apparati e al contempo a rafforzare il dominio della Corona portoghese. In campo economico fu fautore di una politica protezionista che aumentò il settore manifatturiero, in campo religioso subordinò l'Inquisizione allo

di *era pombalina*, segnò un momento di forte evoluzione anche in campo religioso e scolastico: il Marchese assunse ben presto un atteggiamento ostile nei confronti dei gesuiti, visti come un potere indipendente e incontrollabile, decidendo perciò di espellerli dal Portogallo e dalle colonie[20]. I beni e le terre appartenenti all'ordine furono confiscati, mentre le università in Portogallo vennero riformate o chiuse. L'educazione passò pertanto a essere laica, cioè a totale carico dello Stato, rendendo il Portogallo uno dei primi paesi ad attuare questo passaggio. La ristrutturazione educativa prevedeva l'istituzione delle *Aulas régias*, i «regi insegnamenti» che appartenevano al Re e non alla Chiesa, a cominciare dagli *Studia inferiora*, corrispondenti alle scuole elementari e medie. La riforma dell'Università di Coimbra segnò poi la ristrutturazione degli *Studia superiora*, in cui alla Compagnia di Gesù subentrò la Congregazione dell'Oratorio, caratterizzata da una mentalità più duttile rispetto ai mutamenti: mostrò infatti grande interesse verso le nuove scienze e la filosofia di Cartesio; l'insegnamento di lettere e filosofia venne impartito non più in latino, bensì in portoghese; si implementarono gli studi di scienze naturali e matematica, nonché gli studi giuridici. Gli inse-

stato per sminuire il potere ecclesiale, in campo politico osteggiò con forza ogni tendenza a diminuire l'assolutismo del re. Proibì gli autodafé, eliminò le discriminazioni verso gli ebrei, schiacciò ogni parvenza di opposizione politica allo stato, aumentò le imposte e lo sfruttamento coloniale.

[20] Varie furono le cause dell'espulsione del 1759. Sul versante brasiliano, si verificò una recrudescenza dei dissidi territoriali tra Portogallo e Spagna sulle frontiere del Rio Grande do Sul, nella regione del fiume Uruguay dove erano i *Sete Povos*, che diventarono teatro della *Guerra Guaranítica*. Il Trattato di Madrid, stipulato una decina d'anni prima, sanciva i nuovi confini tra gli imperi coloniali, assegnando le terre del Rio Grande do Sul al Portogallo. Gli *indios* guarani nelle missioni rifiutavano di lasciare le loro terre natie e trasferirsi oltre il fiume, ma restando in territorio portoghese rischiavano di essere schiavizzati perché, a differenza della Spagna, il Portogallo non riconosceva automaticamente come propri sudditi gli abitanti dei territori sotto il suo potere, negando perciò lo status giuridico che impediva di essere ridotti in schiavitù. Si generarono numerosi scontri che durarono fino al 1756, quando la resistenza venne piegata dall'esercito (il film *Mission*, del 1986, è ambientato durante gli avvenimenti della guerra). La resistenza degli *indios* fu coadiuvata attivamente dai missionari gesuiti e ciò alimentò la diffidenza della Corona portoghese verso l'ordine, accusato da Pombal di voler costituire un proprio impero nella regione, grazie alle ricchezze derivanti dalla proprietà terriera e dall'agricoltura, dalle donazioni e dal riconoscimento del 10% delle tasse locali, sin dai tempi di Nóbrega. Si conta che, al momento dell'espulsione, l'ordine possedesse nella colonia venticinque residenze, trentasei missioni e diciassette collegi, più le scuole per l'alfabetizzazione presenti in ogni villaggio. Cfr. F. Azevedo, *op. cit.*

gnanti diventarono funzionari pubblici, selezionati dallo Stato e ricevendo da questo lo stipendio, finanziato da una tassa appositamente creata (il sussidio letterario).

Su queste riforme ebbero influenza alcuni teorici di un'educazione moderna che, per la loro esperienza all'estero e quindi il loro contatto con le moderne idee straniere, venivano definiti *estrangeirados*[21]. Tra i principali vanno ricordati Luís da Cunha, diplomatico della Corona portoghese a Londra, Madrid e Parigi, che si pose in contrasto con le discriminazioni religiose dei conservatori cattolici, denunciando la stagnazione derivante dall'esclusione di individui produttivi dai processi educativi, per via della loro identità religiosa o delle loro convinzioni[22]. António Ribeiro Sanches, medico alle corti di Russia e Francia, che partecipò alla stesura dell'*Enciclopedia* su invito di Diderot, e da ebreo convertito al cristianesimo[23] criticò l'intolleranza religiosa che impediva il progresso del Portogallo, specialmente in relazione al potere dei gesuiti sull'educazione[24]. Il maggior esponente dell'Illuminismo in Portogallo, Luís António Verney, sacerdote e giurista formatosi tra Évora e Roma, fu autore dell'opera *O Verdadeiro Método de Estudar*[25], in cui criticò i problemi di metodo che caratterizzavano l'insegnamento tradizionale dei gesuiti: considerando il loro metodo eccessivamente teorico, Verney ribadì l'esigenza di accompagnare lo studio all'esperienza pratica e di basare l'insegnamento sulla realtà concreta. Anche per questo, un punto fondamentale della riforma educativa doveva essere l'insegnamento della grammatica portoghese al posto del latino, in quanto

---

21 Il termine deriva da *estrangeiro*, che in portoghese significa sia «straniero» che «estero».

22 Si veda il suo *Testamento Político*, circolato come manoscritto fino alla pubblicazione ufficiale nel 1843, consultabile in rete in lingua portoghese all'indirizzo: http://www.arqnet.pt/portal/portugal/documentos/dlc_testamento1.html.

23 Interessante sul tema il suo scritto *Cristãos novos e Cristãos velhos em Portugal*, del 1748, consultabile in rete in lingua portoghese all'indirizzo: http://www.estudosjudaicos.ubi.pt/rsanches_obras/cristaosnovos_cristaosvelhos.pdf.

24 La sua opera più importante sull'educazione è *Cartas sobre a Educação da Mocidade*, del 1760, consultabile in rete in lingua portoghese all'indirizzo: http://www.estudosjudaicos.ubi.pt/rsanches_obras/cartas_educacao_mocidade.pdf.

25 *Verdadeiro Método de Estudar, para ser útil à República e à Igreja: proporcionado ao estilo, e necessidade de Portugal*, scritta in Italia sotto pseudonimo e pubblicata in due volumi nel 1746. Consultabile in rete in versione digitalizzata dell'originale all'indirizzo: https://archive.org/details/verdadeiromtodod01vern.

riferimento reale della lingua parlata tanto dai maestri quanto dagli allievi; doveva essere implementato perciò lo studio della retorica e delle questioni di stile come veicolo privilegiato dell'espressione discorsiva. Inoltre era necessario sostituire le punizioni corporali e l'apprendimento a memoria, usati quotidianamente per imporre il rispetto dei precetti e la credenza nella loro validità, con l'esercizio infinitamente paziente della dimostrazione del valore, della *ratio* di quegli stessi precetti, attraverso la loro comprensione razionale. Verney propose persino l'accesso all'istruzione per le donne, perché in quanto madri sono loro le prime educatrici[26]. Tuttavia, è necessario tener presente che l'apertura alla mentalità illuminista rimase limitata alla modernizzazione *strutturale* delle istituzioni statali, educative ed economiche, nella misura in cui tale modernizzazione poteva preservare e rafforzare l'assolutismo monarchico. Da qui derivava la contraddizione sul piano dei valori, per cui idee illuministe come la fondazione repubblicana dello Stato, la laicità *sostanziale* dell'educazione, o il deismo al posto della fede tradizionale, continuavano a essere considerate idee inaccettabili. Tanto che il Marchese di Pombal arrivò, almeno in un'occasione, ad autorizzare roghi sulla pubblica piazza di libri proibiti, incluse opere dei principali esponenti dell'Illuminismo[27]. Rimase dunque obbligatorio nelle scuole l'insegnamento della religione cattolica e molti testi vennero messi all'indice secondo le severe direttive dell'Inquisizione portoghese. In questo senso, il passaggio da un'educazione religiosa a una educazione laica riguarda più che altro la presa in carico dello Stato di un settore in precedenza sotto l'esclusivo controllo clericale. Gli *estrangeirados* costituirono perciò una ristretta *élite* di pensatori, influente

---

[26] Cfr. C. Boto, *Iluminismo e educação em Portugal: o legado do século XVIII ao XIX*, in M. Stephanou, M.H. Camara Bastos (a cura di), *Histórias e memórias da educação no Brasil*, vol. I: *Séculos XVI-XVIII*, Editora Vozes, Petrópolis 2004.

[27] «Il 24 settembre del 1770, un editto della *Real Mesa Censória* rende pubblica una lista di libri proibiti che contengono una dottrina "empia, falsa, temeraria, blasfema, eretica, scismatica, sediziosa, offensiva della pace e dell'ordine pubblico". Nella lunga lista figurano Hobbes, Diderot, Rousseau, Voltaire, La Fontaine, Spinoza ecc. Di tutti i libri catalogati e condannati, il Marchese di Pombal diede luogo a procedere per grandi roghi nel Terreiro do Paço e nella Praça do Pelourinho, a Lisbona». Cfr. R. Carvalho, *História do Ensino em Portugal, desde a fundação da nacionalidade até ao fim do regime de Salazar-Caetano*, Lisboa, 1986, citato in M.L. Arruda Aranha, *Historia da Educação e da Pedagogia. Geral e Brasil*, Editora Moderna, São Paulo 2010. La traduzione del brano è mia.

in alcuni ambiti, ma marginale in altri, rispetto a una società che continuò a essere largamente conservatrice, autoritaria e fedele alla linea cattolica.

A seguito dell'espulsione dei gesuiti, il sistema educativo brasiliano venne smantellato, inizialmente senza essere sostituito da altri organi. Le missioni andarono in rovina, abbandonate dagli *indios* che furono lasciati al proprio destino. L'eredità della Compagnia di Gesù può essere considerata come ambivalente: la continuità dell'impegno educativo e sociale dei gesuiti ha segnato profondamente la cultura e la visione cattoliche del mondo nella società coloniale brasiliana, l'attenzione all'unità d'intenti ha contribuito a uniformare il livello culturale della colonia e ad avvicinare gli indigeni alla costruzione del nuovo mondo, proteggendo molte tribù dallo schiavismo; ma ha contribuito anche alla progressiva cancellazione della civiltà dei nativi, condannandone gli usi e i costumi per sostituirli con i precetti religiosi europei, interpretati nel modo più tradizionale.

1.3. L'Impero tropicale

Nel 1808, la situazione del Brasile cambiò completamente: la Corona portoghese, per sfuggire alle truppe napoleoniche entrate nella penisola iberica, decise di trasferirsi nella sua colonia più importante e rifondare lì il suo regno, grazie alla protezione dell'Inghilterra. L'intera corte di re Giovanni VI di Braganza si trasferì a Rio de Janeiro, nuova capitale monarchica[28]. Sul piano economico, il nuovo regno aprì i porti al commercio internazionale, revocò il divieto di costruire un'industria manifatturiera e superò le condizioni più gravi di inferiorità tipiche della colonia. Nel corso del XIX secolo, comunque, l'evoluzione da colonia a impero portò a una moderata crescita culturale, alla diffusione di accademie e allo sviluppo di un sistema scolastico moderno, in particolar modo nella seconda metà del secolo.

---

[28] Molto interessanti per comprendere le sfaccettature della storia brasiliana dell'Ottocento sono i saggi storici divulgativi del giornalista Laurentino Gomes, inediti in Italia, basati su tre anni simbolici che hanno cambiato il volto del Brasile: il 1808 (trasferimento della Corona), il 1822 (Dichiarazione d'Indipendenza) e il 1889 (fondazione della Repubblica). Cfr. L. Gomes, *1808*, Editora Planeta, 2008.

Nel primo periodo, la questione educativa iniziò a interessare più come risoluzione di problemi immediati che come pianificazione a lungo termine. Il sistema era rimasto quello dell'era pombalina e tutto ciò che riguardava la cultura e l'informazione era sottoposto a censura; basti pensare che il primo giornale brasiliano, la *Gazeta do Rio de Janeiro*, fu pubblicato proprio nel 1808 con la fondazione dell'*Impressão Régia* (Stampa Reale), prima casa editrice del Brasile. La Corona aveva poi trasferito la sua immensa biblioteca, costituita da sessantamila pezzi tra libri a stampa e manoscritti, mappe, monete e altri beni, che servirà in seguito per la costituzione della Biblioteca Nazionale[29]. Sul versante scolastico, le necessità di difesa del regno portarono alla creazione di scuole superiori per la formazione di quadri militari con l'Accademia Reale Militare e l'Accademia Reale della Marina, in cui si davano corsi di ingegneria militare, navale e civile; di ingegneri e medici, principalmente per supporto militare, con corsi tenuti tra Bahia e Rio; e alla creazione di corsi speciali tecnici, non legati tra loro, di economia, chimica e agricoltura. L'interesse educativo perseguiva dunque scopi immediati, secondo le urgenze legate al consolidamento del nuovo assetto del regno.

Dopo la caduta di Napoleone, Giovanni VI rientrò in Portogallo per riprendere il controllo di un paese in crisi, lasciando la reggenza del Brasile al figlio Pietro. Ma il principe rifiutò di ridursi a semplice rappresentante della Corte di Lisbona e proclamò in maniera anche piuttosto teatrale l'indipendenza del regno brasiliano, divenendo così imperatore col nome di Pietro I del Brasile[30]. Tra le prime riforme vi fu il varo di una Costituzione improntata a principi illuministici e liberali rispetto ai diritti individuali, la proprietà, la religione ecc., anche se per altri versi garantiva un potere preminente all'Imperatore[31]. Questo periodo, spesso designato come Primo Impero, non si

---

[29] Cfr. L.M. Schwarz, *A longa viagem da Biblioteca dos Reis. Do terremoto de Lisboa à Indipendência do Brasil*, Companhia das Letras, São Paulo 2002. Per un quadro più ampio delle iniziative bibliotecarie in Brasile, anche dal punto di vista legislativo, mi permetto di rimandare al mio *Biblioteca e formazione della cittadinanza attiva nell'era digitale*, Anicia, Roma 2014.

[30] Cfr. L. Gomes, *1822*, Editora Nova Fronteira, 2010.

[31] All'Imperatore era riservato il *Poder Moderador* («potere moderatore»), quarto potere che affiancava i tre consueti dei governi liberali (legislativo, esecutivo e giudiziario), consentendo di creare e sciogliere governi e parlamenti, nominare senatori e giudici, ratificare

contraddistinse per un grande impegno nell'educazione generalizzata. La grande maggioranza della popolazione era dedita al lavoro agricolo, per cui lo sforzo educativo non aveva priorità, mentre ne acquisiva se rivolto alla formazione dell'*élite*, i cui membri però preferivano affidare l'educazione dei figli a precettori privati. I tre livelli di insegnamento, elementare, secondario e superiore, non avevano una sistemazione chiara e sul piano legislativo si faticò a trovare soluzioni concrete, nonostante già nella Costituzione si menzionassero «l'istruzione primaria e gratuita per tutti i cittadini» e la fondazione di «collegi e università dove saranno insegnati elementi delle scienze, delle lettere e delle arti»[32]. Le scuole pubbliche erano spesso improvvisate, allestite in edifici inadeguati per l'accoglienza di alunni in grande numero, e vi era una cronica mancanza di forniture come banchi, carte illustrative, libri di testo e altri materiali didattici. Il metodo adottato nella scuola elementare era ripreso dal *mutuo insegnamento*, che avrebbe dovuto ridurre costi e tempi con il procedimento "a cascata": l'insegnante preparava un gruppo di alunni più capaci, detti *monitori*, i quali a loro volta insegnavano ciò che avevano imparato ad altri alunni, divisi in classi, gruppi o squadre[33]. Il problema era però la formazione degli insegnanti: gran parte di loro non aveva alcuna esperienza o competenza, trasmettendo la propria impreparazione ad alunni di dieci, dodici anni, cui incombeva il ripasso alle classi. Nel corso del secolo, il fallimento del mutuo insegnamento si rivelerà come uno degli elementi più incisivi nel ritardo dello sviluppo educativo del paese.

Anche la scuola secondaria soffriva di problemi simili: innanzitutto, non esisteva alcuna articolazione tra questa e l'elementare, non ne costituiva cioè il seguito, non vi era unità d'azione né consequen-

---

trattati e via dicendo. Ciò rendeva l'Impero una monarchia costituzionale, ma con poteri decisionali maggiori per il sovrano rispetto alle realtà europee. Si veda il Titolo V, artt. 98-101 della *Constituição Política do Império do Brasil* del 1824, consultabile in rete sul sito del governo brasiliano all'indirizzo: http://www.planalto.gov.br/ccivil_03/Constituicao/Constituicao24.htm

[32] Si veda l'art. 179, punti XXXII e XXXIII.

[33] Questo metodo di origine medievale, perfezionato da J. Lancaster e A. Bell nell'Ottocento, oltre a ricordare alcune direttive dei collegi gesuiti, in tempi più recenti ha continuato a influenzare, in varie forme, la pedagogia cristiana, ad esempio nelle idee di Don Milani. Una versione moderna può rinvenirsi nella c.d. *peer education*.

zialità, come fossero due mondi separati. Alla mancanza di risorse e di fondi che impediva qualsiasi iniziativa concreta, si aggiungevano anche qui una blanda selezione degli insegnanti, altrettanto impreparati e improvvisati, oltre che mal pagati e dunque costretti a fare altri lavori per potersi mantenere. La scelta delle discipline era aleatoria, variabile a seconda della disponibilità di docenti che avessero qualche conoscenza in merito; non vi era nemmeno la necessità di concludere un corso per poterne iniziare un altro. L'unica forma di propedeuticità era data dalla possibilità di accesso all'ultimo livello, la scuola superiore, i cui corsi richiedevano un indirizzamento precedente. A São Paulo e a Recife furono fondati i primi corsi giuridici, che sarebbero poi divenuti Facoltà di diritto una trentina di anni dopo. Lo studio del diritto e delle materie giuridiche attirò ben presto molti giovani, interessati tanto al prestigio quanto alla preparazione per l'accesso a incarichi amministrativi, politici e giornalistici che questi corsi conferivano. Nel corso del secolo, con l'aumento della classe media e dei nuovi burocrati, i corsi di diritto diventarono il trampolino di lancio di una nuova *élite* erudita.

Pietro I abdicò come imperatore in favore del figlio, dando inizio al Secondo Impero. Incoronato col nome di Pietro II, il nuovo imperatore governò il Brasile per quasi cinquant'anni, durante i quali si dimostrò un sovrano illuminato, attento alle questioni culturali non meno che a quelle politiche[34]. Nel 1834 fu promulgato un emendamento costituzionale, l'*Ato Adicional*, che avviò il processo di decentramento di alcune funzioni governative alle province, creando le basi per la futura istituzione degli Stati federati. Tra le funzioni decentralizzate, vi era l'organizzazione dell'insegnamento elementare

---

[34] Figura straordinaria di sovrano moderno, Pietro II del Brasile (1825-1891) fu un appassionato studioso di molte materie umanistiche e scientifiche, un infaticabile lettore e un poliglotta. Intrattenne corrispondenze con intellettuali di ogni paese come Alessandro Manzoni, Richard Wagner e Victor Hugo, incontrò personalmente Friedrich Nietzsche, divenne membro di associazioni accademiche prestigiose come la Royal Society. Fu il primo fotografo brasiliano, acquistando una macchina per dagherrotipi nel 1840. Raccolse inoltre una mole impressionante di libri su ogni tipo di argomento, tanto da riempire tre biblioteche nel suo palazzo di São Cristóvão, a Rio de Janeiro, per un totale di circa sessantamila volumi, la stessa mole della Biblioteca Reale quando fu trasferita dal Portogallo all'inizio del secolo. Nello stesso palazzo fece installare vari laboratori scientifici e un osservatorio astronomico. Cfr. L.M. Schwarcz, *As barbas do Imperador: Dom Pedro II, um monarca nos trópicos*, Companhia das Letras, São Paulo 1998.

e secondario, lasciando l'insegnamento superiore alla gestione del governo centrale. In questo modo diventava possibile adattare le scuole alle singole realtà territoriali, ma d'altro canto permaneva una distinzione di classe tra l'insegnamento superiore destinato all'élite delle grandi città e in particolare della capitale, e i gradi inferiori destinati alla popolazione. Il grado elementare continuava nella sua condizione precaria, con insegnanti lasciati senza risorse e costretti ad arrangiarsi con messi propri. Da un giornale dell'epoca si ricava la descrizione di tale precarietà:

> «*dato che il professore è povero e scarso il salario, installa la scuola in una saletta qualunque, purché sia economica e non gli assorba il salario. Come mobilio procura due o tre banchi di legno, una sedia per sé, un tavolo dove almeno possa poggiare i gomiti e annotare, un recipiente e una tazza, ed ecco così montato un palazzo dell'istruzione. Vengono raggruppati lì dentro 20, 30 o 40 bambini, che hanno come unico orizzonte i cupi battenti di una finestra, e durante quattro o cinque ore ogni giorno martirizzano le orecchie e le corde vocali con urla continue, respirando aria viziata e polvere, rovinando la salute, stancando l'intelligenza, uccidendo la voglia di apprendere, la naturale curiosità infantile e la pazienza. Il risultato è trasformare la scuola nell'incubo dei bambini*»[35].

L'analfabetismo restò altissimo, con il picco del 67,2% registrato nell'ultimo decennio del secolo[36].

La scuola secondaria ebbe uno sviluppo maggiore. Nel 1837 venne fondato a Rio de Janeiro il Collegio *Dom Pedro II*, inteso come mo-

---

[35] «*Como o professor é pobre e escasso o ordenado, instala a escola numa saleta qualquer, contanto que seja barata e lhe não absorva o ordenado. A título de mobília procura dois ou três bancos de pau, uma cadeira para si, uma mesa onde ao menos possa en costar os cotovelos e tomar notas, um pote e uma caneca, e aí temos armado o alcatifado palacete da instrução. Agrupam-se aí dentro 20, 30 o 40 crianças, tendo por único horizonte as frestas sombrias de uma rótula e durante quatro ou cinco horas diárias martirizam os ruvido e as cordas vocais da laringe em insólito berreiro, respirando ar viciado e poeira, arruindando a saúde, casando a inteligência, matando a vontade de aprender, a natural curiosidade infantil e a paciência (...). O resultado é tornar-se a escola o mau sonho das crianças*». Editoriale del 13 gennaio 1876 apparso su *A provincia de S. Paulo*, citato in M.L. Hilsdorf, *História da educação brasileira: leituras*, Pioneira Thomson Learning, São Paulo 2005. La traduzione dal portoghese è mia.

[36] Cfr. F. Azevedo, *op. cit.*

dello da seguire per le altre scuole del paese, nonché unico istituto autorizzato a fare esami per l'accesso al grado superiore. Anche in questo caso, l'ambiguità delle scelte organizzative inficiava le potenzialità dell'istituto: aumentava infatti la dipendenza e la propedeuticità del grado secondario, impartendo corsi in linea con le esigenze delle scuole superiori e, di fatto, costringeva le altre scuole secondarie ad adeguarsi come testi e offerta di corsi. La preparazione per gli esami del Collegio spingeva a creare persino corsi avulsi da quelli già programmati nelle altre scuole; in pratica la decentralizzazione amministrativa veniva meno. L'unica eccezione fu il Seminario di Olinda, nel Pernambuco, che mantenne i propri corsi di scienze, lingue e lettere moderne senza preoccuparsi della variabilità degli esami a Rio, mantenendo una linea educativa ispirata dalle riforme illuministe di Pombal.

Durante tutta la seconda metà dell'Ottocento, però, alle difficoltà dell'istruzione pubblica tentarono di sopperire nuove e indipendenti scuole private. Non al livello popolare, naturalmente. Il progresso ideale e pragmatico era per forza di cose riservato alla classe dirigente, che però aveva la possibilità di superare le resistenze culturali al pensiero positivista. Rimaneva infatti predominante la tradizione cattolica: dopo ottanta anni erano tornati i gesuiti, fondando collegi come il *São Luís* a Itu, mentre il Collegio *Caraça*, statale, fondato negli anni Venti in Minas Gerais, passò negli anni Cinquanta sotto l'amministrazione clericale di lazzaristi francesi. Tra gli anni Settanta e Ottanta, protestanti americani fondarono il Collegio *Mackenzie* a São Paulo, il Collegio Internazionale a Campinas, e il Collegio Americano a Porto Alegre. Sul fronte laico, i massoni fondarono a Campinas la Società per il Culto della Scienza, improntata alla filosofia positivista; altre scuole laiche aprirono a Rio e a Bahia, per iniziativa di medici o di ingegneri, attenti alla qualità dell'insegnamento e quindi più selettivi riguardo al corpo docente. I collegi laici erano più innovativi, aperti al pensiero europeo e americano, con una offerta formativa maggiormente scientifica e competente. Le scuole private non soffrirono mai delle crisi delle scuole pubbliche, spesso chiuse per mancanza di alunni.

Quest'ultimo punto si ricollega al grande problema della formazione degli insegnanti. Come si è visto, molti insegnanti non avevano alcuna competenza, non seguivano alcun metodo e non venivano selezionati per qualità particolari, soprattutto nelle scuole elementari. Il governo tentò di migliorare la situazione creando scuole normali per la formazione dei docenti, ma nonostante l'interesse, i mezzi e le risorse rimanevano inadeguati. Nei decenni tra gli anni Sessanta e gli anni Ottanta, molte di queste scuole aprivano per poi chiudere dopo poco tempo; in seguito venivano riaperte fin quando c'era possibilità di un'attività stabile, andando avanti in una sorta di circolo vizioso. Gli esami di selezione per diventare insegnanti non erano pubblicizzati, quindi non vi era alcun tipo di competizione; non richiedendo una formazione specifica, i candidati dovevano dimostrare di saper leggere correntemente, scrivere più o meno bene quanto a calligrafia, effettuare le quattro operazioni aritmetiche di base e recitare le principali preghiere religiose, rispondendo anche a qualche domanda sulla dottrina, senza comunque dover dar prova di averla compresa[37]. Le scuole normali erano organizzate su due o tre anni di corso, inizialmente riservate agli uomini, ma presto si aprirono alle donne, che divennero la maggioranza dei candidati poiché il magistero era una dei pochi lavori conciliabili con le attività domestiche. Inoltre, lo si riteneva legato alla natura materna della donna, predisposta alla cura e all'educazione dei bambini. Questo fu uno dei primi segni della comparsa delle donne sulla scena della società brasiliana, che per la prima volta poterono usufruire di un'educazione più ampia e di un lavoro certo mal remunerato, ma accettabile.

Un altro ambito educativo che conobbe una certa crescita fu il settore dei corsi professionalizzanti, per la formazione di artigiani e operai. Abbiamo visto che già nel XVIII secolo i lavori manuali erano insegnati nelle officine da maestri che avevano possibilità di viaggiare. Nel periodo imperiale si diffusero le *Casas de Educandos Artífices*, sorta di istituti tecnici basati sulla disciplina militare che accoglievano orfani, disoccupati e miserabili per insegnare i mestieri manuali e offrire una prima alfabetizzazione; un esempio di ciò fu il Liceo di Arti e Mestieri, un'organizzazione civile per la formazione del lavoro qualificato e per promuovere iniziative di assistenza sociale, aperto a Rio de Janeiro nel 1858, poi a Salvador nel 1872 e infine a São Paulo nel 1885.

---

[37] Altri requisiti erano avere almeno diciotto anni, dimostrare di essere di buoni costumi e, naturalmente, essere brasiliani. Cfr. L.M. Tanuri, *História da formação de professores*, in *Revista Brasileira de Educação*, n. 14/2000, Anped Campinas, consultabile in rete in lingua portoghese all'indirizzo: http://www.scielo.br/pdf/rbedu/n14/n14a05.

Il dibattito dell'epoca sull'educazione, sui principi ispiratori del progresso e sul ruolo dello Stato furono di alto livello teorico, ma di poca consistenza sul piano pratico. Oltre alle discussioni in seno alla Costituzione, altre proposte di riforma presero corpo nel corso del tempo: nel 1879, Carlos Leôncio de Carvalho[38] propose un decreto di riforma sui tre livelli di insegnamento che concedesse libertà di metodo, di accesso (soprattutto agli schiavi) e di credo religioso; che creasse nuove scuole normali e desse impulso nei collegi allo studio positivista delle scienze, per superare la tradizione umanista e letteraria. L'iniziativa più concreta fu però in pedagogia, tramite la sostituzione del fallito metodo di mutuo insegnamento con il *metodo intuitivo*, che si basava sull'empirismo, considerando i sensi come la chiave dell'esperienza e quindi dell'apprendimento. Al posto dell'insegnamento discorsivo, prevalentemente logico e quindi astratto, si poneva l'accento sullo sviluppo sensoriale tramite l'osservazione di forme, colori, suoni ecc., per allenare alla lettura e comprensione del mondo sensibile, all'osservazione delle relazioni che intercorrono tra i fenomeni. L'applicazione più fruttuosa del metodo riguardava le scienze naturali, ma l'idea fondamentale era di estenderlo a ogni ambito disciplinare. Questo metodo, insomma, si inseriva nel tentativo di modernizzare una cultura educativa che stentava a integrarsi nelle tendenze intellettuali ottocentesche; uno dei sintomi era dato proprio dalla diffusione di scuole private a carattere religioso, in cui si rinnovava il pregiudizio verso ogni forma di conoscenza che non fosse umanista e letteraria, senza contare le professioni tecniche, legate all'idea del lavoro manuale come prerogativa degli schiavi e pertanto "inferiore".

Ruy Barbosa[39] appoggiò le riforme di Carvalho e sostenne che lo Stato aveva l'obbligo di mantenere da sé la cura dell'educazione, che

---

[38] Avvocato, professore e politico, Leôncio de Carvalho (1847-1912) si formò alla Facoltà di Diritto di San Paolo, di cui abbiamo parlato. Membro preminente del Partito Liberale, si adoperò per riforme improntate al pensiero positivista durante l'Impero e la Repubblica. Il testo della legge è consultabile in rete in lingua portoghese all'indirizzo: http://www2.camara.leg.br/legin/fed/decret/1824-1899/decreto-7247-19-abril-1879-547933-publicacaooriginal-62862-pe.html.

[39] Considerato una figura di altissimo piano nella cultura brasiliana, Ruy Barbosa de Oliveira (1849-1923) fu giurista, filologo, politico, traduttore, oratore, diplomatico e scrittore; brillante studioso di numerose discipline, si occupò anche della pedagogia, traducendo l'opera del nordamericano Norman A. Calkins *Primary Object Lessons* (1885), un saggio di divulgazione del metodo intuitivo.

con la diffusione delle scuole private si stava legando a logiche di mercato, in particolare rispetto agli orientamenti delle scuole normali. A proposito dell'insegnamento, Barbosa scrisse:

> «*percepire i fenomeni, discernere le relazioni, comparare le analogie e le dissonanze, classificare la realtà e indurne le leggi, ecco la scienza. Ecco, pertanto, l'ambito che l'educazione ha come obiettivo. Svegliare nell'intelligenza nascente quelle facoltà il cui uso è richiesto nei processi di scoperta e assimilazione della verità, questo è ciò cui devono tendere i programmi e i metodi di insegnamento. Ora, i nostri metodi e i nostri programmi tendono esattamente al contrario: a intorpidire le funzioni, ad atrofizzare le facoltà che rendono capace l'uomo di penetrare nella natura del reale e perscrutarne i segreti. Invece di educare i sensi dello studente, di prepararlo a scoprire e a pensare, la scuola e il liceo qui da noi si occupano esclusivamente di creare e sviluppare l'abitudine meccanica alla ripetizione. Il soffio della scienza non passa da noi*»[40].

1.4. L'era repubblicana

La Repubblica fu instaurata in Brasile nel 1889, quando una congiura di militari riuscì a rovesciare la monarchia. La Prima Repubblica, anche detta *Repubblica del Caffè* per il predominio dei coltivatori latifondisti, iniziò a interessarsi sempre più al problema dell'educazione in vista dello sviluppo del paese. Il dibattito sulla pedagogia si ampliò ulteriormente e l'influenza del pensiero positivista di Comte diede vita a nuove tendenze rispetto ai temi dell'insegnamento scientifico, della laicità della scuola e della sua organizzazione nazionale. Il governo abbozzò una struttura coerente di sistema scolastico, con norme, procedimenti, metodi e risorse per la costruzione di edifici adeguati allo scopo. Particolare attenzione fu prestata all'organizzazione di spazi e orari, in nome di ordine e disciplina; tuttavia, per lungo tempo sarebbe rimasto il fondamentale "dualismo"

[40] Barbosa stesso presentò nel 1882 un progetto di riforma dell'insegnamento secondario e superiore alla Commissione dell'Istruzione Pubblica, in relazione alla legge Carvalho. Il testo è consultabile in rete in lingua portoghese all'indirizzo: http://www2.senado.leg.br/bdsf/item/id/242371.

dell'insegnamento ereditato dall'Impero, tra studi superiori riservati all'*élite*, sotto la supervisione del governo federale, e studi elementari e professionali per le classi subalterne, affidati ai singoli stati.

L'influenza del positivismo comtiano si fece sentire già nella Costituzione repubblicana del 1891, in cui si sanciva la separazione tra Stato e Chiesa e, di conseguenza, la laicizzazione dell'insegnamento. I principali simpatizzanti delle idee positiviste erano gli ufficiali dell'esercito formatisi nella Scuola Militare: il curriculum accademico comprendeva scienze e ingegneria ed era distante dalla tradizione umanistica delle scuole tradizionali. Inoltre propugnava una severa disciplina morale, ancorché laica, che attirava le giovani generazioni di ufficiali. Il primo Ministro dell'Istruzione Pubblica, per esempio, fu Benjamin Constant Botelho de Magalhães, professore della Scuola Militare, grande sostenitore del positivismo e repubblicano della prima ora, autore tra l'altro delle disposizioni transitorie della nuova Costituzione e omaggiato del titolo di *Fundador da República Brasileira*. Nei dibattiti sulla pedagogia ebbe un ruolo preminente la Società Positivista di Rio de Janeiro, che attrasse molti intellettuali e divulgò attivamente le idee comtiane; insieme alla Società per il Culto della Scienza di Campinas, formò professori che avrebbero operato nel Collegio *Dom Pedro II*, nella stessa Scuola Militare e in altre istituzioni. Non è un caso poi che la bandiera repubblicana rechi, oggi come allora, le parole *Ordem e Progresso*, riferimento esplicito al famoso motto di Comte «l'Amore come principio e l'*Ordine* come base; il *Progresso* come meta»[41].

La diatriba fondamentale dei dibattiti pedagogici vedeva scontrarsi i liberaldemocratici, sostenitori del progresso dell'Educazione Nuova, e i cattolici tradizionalisti, avversi alla laicizzazione dell'educazione. In particolare nella decade degli anni Venti, gli escolanovisti[42] sostennero con forza l'idea della scuola come strumento di trasformazione in senso democratico della società; una scuola che doveva pertanto essere unica, laica, obbligatoria e gratuita. La pedagogia doveva di conseguenza avvalersi di un supporto scientifico, per esempio svi-

---

[41] Citato nel frontespizio del *Système de politique positive ou Traité de sociologie, instituant la Religion de l'Humanité*, Parigi, 1851.

[42] Termine derivante da *Escola Nova*, traduzione portoghese di "Scuola Nuova".

luppando tecniche di insegnamento basate sugli studi sociologici e la psicologia. La piaga dell'analfabetismo andava combattuta con l'universalizzazione dell'insegnamento. Il principale esponente in Brasile dell'escolanovismo fu Anísio Teixera[43], il quale viaggiò negli Stati Uniti e divenne entusiasta sostenitore delle idee di Dewey, quindi si prodigò per diffondere in patria i principi del pragmatismo. Anche Fernando de Azevedo[44], sociologo influenzato da Durkheim, partecipò ai movimenti di riforma della scuola come un servizio pubblico, firmando nel 1932 assieme a Teixera e ad altri ventisei educatori il *Manifesto dei Pionieri dell'Educazione Nuova*: questo documento si esprimeva in difesa dell'educazione pubblica e contro il carattere discriminatorio del "dualismo" dell'insegnamento; tra le proposte vi era la riforma della scuola secondaria, con una base di cultura generale comune per tutti su un ciclo di tre anni, seguito dall'indirizzamento alla formazione accademica o professionale dei giovani dai quindici ai diciotto anni. Ciò doveva servire a rendere l'insegnamento omogeneo e a ridurre la propedeuticità del livello secondario rispetto a quello superiore.

Il confronto con l'ala cattolica fu però aspro, sia sul piano delle teorie che su quello dell'applicazione pratica. Il *Manifesto* non ebbe infatti molto successo, sul lungo termine. Escolanovisti e tradizionalisti si scontravano sul modo di intendere il valore dell'educazione, che nella visione neotomista dei cattolici assumeva il compito di *forgiare la morale* della persona, mentre l'educazione laica si limitava a *istruire*. Gli elementi più reazionari accusavano inoltre gli escolanovisti di essere atei e promotori del socialismo, accuse la cui infondatezza era evidente per la natura profondamente liberale di molti principi cardine delle posizioni avversarie, socialmente universaliste e democratiche. La pressione per reinserire l'insegnamento religioso, per altro già supportato dalle scuole private, aveva comunque una ragione

---

43 Anísio Teixera (1900-1971), fu giurista ed educatore; riformò i sistemi di insegnamento degli stati di Bahia e Rio de Janeiro e fondò, nel 1935, l'*Universidade do Distrito Federal*, poi confluita nella Facoltà Nazionale di Filosofia dell'*Universidade Federal do Rio de Janeiro*, considerata la più importante istituzione universitaria al livello federale del Brasile.

44 Fernando de Azevedo (1894-1974), fu pedagogista e sociologo tra i più importanti del Brasile, occupandosi di sociologia educazionale, antropologia, letteratura e latino. Fondò e diresse la Biblioteca Pedagogica Brasiliana nel 1931, ricoprendo in seguito numerosi incarichi istituzionali e collaborando a riviste internazionali.

in più nella salvaguardia dello studio delle lettere antiche e moderne, che i liberali sembravano voler soppiantare con gli studi scientifici.

La Prima Repubblica arrivò al termine con l'avvento al potere di Getúlio Vargas[45], negli anni Trenta. Inizialmente un regime autoritario, divenne sempre più una dittatura modellata sul fascismo europeo, acquisendo caratteri fortemente nazionalistici e burocratici. Il progresso dell'industrializzazione e l'interesse per lo sviluppo nazionale aumentarono quindi la necessità di scolarizzazione. Vargas creò il primo Ministero dell'Educazione propriamente detto[46], con a capo il ministro Francisco Campos, escolanovista che approntò una riforma per la pianificazione generale della scuola e dell'università. La scuola secondaria fu strutturata su due cicli, un primo di cinque anni fondamentale per tutti e un secondo di due anni per la preparazione al livello superiore. Si ampliarono i corsi di formazione commerciale e industriale, si stabilirono norme più precise per l'ammissione e si prepararono piani di ispezione dell'insegnamento secondo le direttive ministeriali. Le università, che fino a quel momento erano disperse in facoltà praticamente isolate l'una dall'altra, diventarono organismi unitari. La USP, fondata nel 1934, fu la prima a strutturarsi secondo la nuova organizzazione, incorporando diverse facoltà; inoltre assunse diversi professori stranieri nella sua Facoltà di Filosofia, Scienze e Lettere. Sul fronte della formazione dei professori, le università si avvalsero dell'Istituto di Educazione, che organizzava corsi aggiuntivi per la preparazione al magistero, soprattutto nella scuola secondaria.

Durante la dittatura vera e propria di Vargas, che si instaurò a partire dal 1937 col nome di *Estado Novo*, la riforma dell'insegnamento, nota come Riforma Capanema (dal nome del ministro che la propose), passò attraverso la promulgazione delle «Leggi Organiche», una serie di leggi mirate a riordinare i vari settori dello stato. La Legge Organica dell'Insegnamento pianificava la scuola e la carriera dei docenti, dando rilevanza alla dignità del salario, e regolava i corsi di formazione dei professori con la centralizzazione delle direttive al

---

45 Cfr. R. Bourne, *Getúlio Vargas - A Esfinge dos Pampas*, Geração Editorial, São Paulo 2012.

46 Nella prima fase repubblicana, l'educazione era accorpata ad altre funzioni: il ministro Constant era infatti a capo del Ministero per l'Istruzione, le Poste e i Telegrafi; successivamente l'istruzione fu integrata nel Ministero degli Interni e, poi, della Giustizia.

livello nazionale. La scuola secondaria fu riordinata in quattro anni di ginnasio più tre di collegio, questi ultimi con due indirizzi, classico e scientifico. Il carattere ideologico della Legge Organica emergeva negli intenti dichiarati: formazione integrale della personalità dell'adolescente, elevazione della coscienza patriottica, preparazione intellettuale generale per affrontare gli studi superiori e formazione di personalità atte al comando. Per quanto concerneva le scuole professionali, la Legge Organica creò due sistemi paralleli, uno pubblico e uno gestito dalle imprese, sotto la supervisione dello stato. Quest'ultimo divenne il SENAI (*Serviço Nacional de Aprendizagem Industrial*), organizzato dalla Confederazione Nazionale delle Industrie per offrire corsi di specializzazione e perfezionamento. In seguito alla caduta di Vargas, a questo servizio si sarebbe affiancato il SENAC (*Serviço Nacional de Aprendizagem Comercial*); entrambi gli istituti divennero molto ricercati dal ceto meno abbiente per le opportunità di studio professionalizzante e quindi di lavoro meglio remunerato. Anche in questa fase continuò un "dualismo" di fondo tra studi scientifici e umanistici relativamente ristretti all'élite e formazione professionale per gli strati popolari, così come la preferenza delle classi alte per l'insegnamento privato. Tra gli anni Trenta e i Quaranta, in ogni caso, l'offerta formativa e scolastica si ampliò moltissimo rispetto al passato, nonostante le difficoltà concrete e ideologiche. L'espansione sul territorio non fu omogenea, seguì piuttosto una aggregazione di scuole nelle aree urbane maggiormente sviluppate; solo la scuola elementare rimase poco sviluppata fino agli anni Cinquanta.

Con la centralizzazione del controllo e della direzione scolastica, anche l'educazione di massa di adulti e adolescenti analfabeti divenne un problema di interesse nazionale[47]: nel 1938 fu creato l'*Instituto Nacional de Estudos Pedagógicos* (INEP); nel 1942 fu istituito il *Fundo Nacional de Ensino Primário* (FNEP) e varate le Leggi Organiche; nel 1945 tale Fondo fu regolamentato dal Decreto n. 19.513 per la concessione dello stesso alle università federali[48]: l'articolo 4, in particolare, destinava il 25% di ogni aiuto federale all'educazione

---

[47] C. Beisiegel, *Paulo Freire*, Fundação Joaquim Nabuco/Editora Massangana, Recife 2010, p. 19.

[48] Il testo del Decreto è consultabile in rete all'indirizzo: http://www2.camara.leg.br/legin/fed/decret/1940-1949/decreto-19513-25-agosto-1945-479511-publicacaooriginal-1-pe.html

primaria di adolescenti e adulti analfabeti. In questo modo si istituiva legalmente un piano generale di insegnamenti suppletivi, cui fece seguito nel 1947, dopo la caduta di Vargas, la creazione del *Serviço de Educação de Adultos* (SEA) per coordinare le iniziative in tal senso. Il professore escolanovista Lourenço Filho[49], primo direttore del SEA, coordinò e diede impulso alla Campagna di Educazione degli Adulti, il cui proposito era di estendere l'insegnamento elementare a tutti coloro i quali non avessero frequentato nell'età appropriata; la speranza era quindi di recuperare la distanza generazionale fornendo il servizio al più alto numero possibile di adulti, ampliando al contempo l'insegnamento dei bambini, per giungere a sradicare l'analfabetismo in tempi relativamente brevi. Un progetto di difficile realizzazione a causa della scarsità di risorse a disposizione, per cui nel primo anno di funzionamento le classi notturne istituite furono 10.000 per l'intero territorio, salendo a 16.500 nei successivi tre anni; l'amministrazione continuava a essere centralizzata, tracciando obiettivi e orientamenti generali, la cui esecuzione era poi affidata agli enti locali. I contenuti riflettevano l'idea di Lourenço Filho di estendere quanto più possibile gli strumenti e le tecniche elementari della cultura, ovvero lettura, scrittura e calcolo di base, insieme a nozioni fondamentali di igiene, salute e conoscenze generali. Il professore escolanovista richiamava inoltre l'attenzione su alcuni aspetti specifici dell'apprendimento indirizzato agli adulti analfabeti, come la mancanza di allenamento nell'imparare dovuta all'età e la necessità di fornire lezioni di cultura generale anche prima di insegnare a leggere e a scrivere, per stimolare l'apprendimento orale. Il materiale scolastico doveva, allo stesso modo, seguire un'orientazione verso il mondo e gli interessi di un adulto, con un linguaggio adeguato all'età e alla vita quotidiana; anticipando Freire, era opportuno prediligere la forma dialogica rispetto al monologo usato con i bambini, per coinvolgere e capire meglio gli interessi degli adulti frequentanti. Anche

---

[49] Manuel Bergström Lourenço Filho (1897-1970) è stato uno dei principali esponenti della Scuola Nuova in Brasile. Tra i firmatari del *Manifesto dos Pioneiros da Educação Nova*, si è interessato, tra le altre questioni, della didattica per l'alfabetizzazione infantile, della metodologia, dell'amministrazione scolastica, dell'orientamento e della valutazione educazionali, della formazione degli insegnanti. In anni successivi è stato oggetto di critica per alcune visioni eugenetiche espresse nell'organizzazione delle classi.

per questo, il contenuto del materiale scolastico appositamente creato affrontava, oltre all'alfabetizzazione, questioni di ordine morale: vantaggi dell'onestà nel lavoro, della solidarietà in seno alla famiglia, alla comunità e alla nazione, dell'istruzione e dell'igiene non solo personali ma anche rispetto alla vita domestica e sociale. Lo sforzo di accomunare l'insegnamento elementare per gli adulti con quello dei bambini si rifletteva nell'impiego di docenti con esperienza nelle scuole elementari, selezionati dagli enti locali; il problema di questa soluzione, criticata dallo stesso Lourenço Filho, era di sminuire la specificità dell'insegnamento per gli adulti, in quanto spesso gli insegnanti che di giorno lavoravano con i bambini, riproducevano lo stesso lavoro nelle lezioni serali. Sebbene i risultati dell'esperienza del SEA siano stati incoraggianti, per la fine degli anni Cinquanta la specificità dei corsi era effettivamente perduta e l'adeguamento delle lezioni serali agli standard scolastici era completo. Da questo punto di vista, l'esperienza successiva del SEA si caratterizzò non solo per l'appiattimento progressivo delle pratiche sulle forme scolastiche regolari, quanto soprattutto per l'inadeguatezza della concezione dell'analfabetismo, visto ancora come problema prettamente didattico e non politico-sociale[50].

Il ritorno allo stato di diritto dopo la seconda guerra mondiale diede vita alla *Repubblica Populista* del presidente Juscelino Kubitschek, il quale aprì lo sviluppo del Brasile all'economica internazionale e diede forte impulso al progresso, simboleggiato dallo slogan «50 anni in 5». Naturalmente, anche il dibattito sull'educazione riprese più vivace che mai e presero corpo diverse iniziative. Un progetto di lunga elaborazione fu varato nel 1961 con la «Legge per le Direttive e le Basi»[51]: frutto del rinnovato confronto tra escolanovisti e cattolici, la legge non intaccava le strutture fondamentali della riforma Capanema, ma introduceva l'equivalenza dei corsi, rompendo la rigidità del sistema per facilitare la mobilità; inoltre riduceva il numero di discipline nella scuola secondaria, rendendo l'insegnamento meno *enciclopedico*, e attenuava la standardizzazione dei curriculum scolastici al li-

---

[50] C. Beisiegel, *op. cit.*, pp. 17-27.

[51] Il testo della *Lei n. 4.024/61*, in seguito abrogata in molte sue parti da riforme successive, è consultabile in rete all'indirizzo: http://www.planalto.gov.br/CCIVIL_03/leis/L4024.htm

vello federale. Su altre questioni la legge risentiva della diversità di posizioni dei suoi relatori, tra la difesa dell'insegnamento privato da parte dei cattolici e la preoccupazione liberale nel democratizzare e implementare la scuola pubblica; per esempio l'art. 95 sanciva il sostentamento finanziario statale tanto per le scuole pubbliche (laiche), quanto per le private (tutte dirette da religiosi). Altre innovazioni del periodo riguardarono diverse esperienze e progetti per le scuole pubbliche, in particolare nello Stato di São Paulo, dove fu fondato il Collegio Applicativo dell'Università di São Paulo per sviluppare un lavoro pioneristico di rinnovamento pedagogico della scuola secondaria. Obiettivi principali erano l'attenzione alla formazione e all'aggiornamento dei professori, la remunerazione delle ore extra di lavoro dei docenti, l'accompagnamento nell'orientamento educativo e pedagogico e l'installazione di classi con un numero ridotto di studenti. Il piano era di applicare le esperienze maturate a tutta la rete scolastica, ma il Collegio finì per restare una realtà unica, nonostante il successo e l'attrattiva suscitate per la qualità raggiunta. Molto importante fu anche l'esperienza del Servizio di Insegnamento Vocazionale, un organo a capo di vari ginnasi e collegi in cui si offriva al tempo stesso un insegnamento generale e professionalizzante, tramite l'interdisciplinarietà, il lavoro di gruppo, lo studio dei mezzi e l'esplorazione di tematiche trasversali.

Oltre alle riforme istituzionali, il dibattito pedagogico tra gli anni Cinquanta e Sessanta si interessò, come si è visto, all'educazione popolare, non solo per quanto concerneva l'urgenza dell'alfabetizzazione con il SEA, ma anche per la ricerca e la costruzione di una identità nazionale, che passava attraverso l'arricchimento culturale del popolo e la diffusione di una coscienza politica dei cittadini; nuove forme di mobilitazione e partecipazione si diffusero tra città e campagna, mentre gruppi di educatori, artisti, militanti politici, studenti e professionisti di varie aree si raccoglievano in organizzazioni e gruppi d'azione. I principali movimenti per l'educazione popolare, ispirati dal cristianesimo sociale di papa Giovanni XXIII e influenzati dalle teorie marxiste, attuarono varie forme di diffusione culturale tra corsi di alfabetizzazione, spettacoli di strada, coinvolgimento di realtà lavorative o marginalizzate in dibattiti sulla società e via dicendo. Fra i molti, vanno ricordati i *Movimenti di Cultura Popolare*, legati alla prefettura di Recife, in cui agì Paulo Freire, che proprio in quegli anni si affacciò al mondo della pedagogia, come vedremo più avanti. Nello stesso periodo prese forma in America Latina la Teologia della Liberazione[52], che in Brasile trovò terreno fertile: la costruzione di un paese nuovo necessitava di una presa di posizione critica dei cristiani rispetto alle diseguaglianze e alle ingiustizie della società, spingendo molti sacerdoti e studenti ad agire per l'elevazione delle coscienze, anche attraverso un'analisi concreta dei rapporti sociali. La naturale vicinanza e collaborazione con socialisti e comunisti, se in parte aiutò i movimenti a radicarsi nella realtà popolare, dall'altra scatenò le preoccupazioni e persino le ostilità della Chiesa cattolica, che vedeva nella Teologia della Liberazione il pericolo di un'infiltrazione marxista in seno al cristianesimo. Ciò determinò un allontanamento tra la Santa Sede e i movimenti cristiani progressisti, che alimentò anche critiche ingiuste di paternalismo verso l'educazione popolare. A tutt'oggi resta però innegabile l'importanza dei fautori dell'educazione popolare, soprattutto di fronte alla difficoltà di attuazione di un'educazione universale in una realtà fortemente diseguale, qual era ed è ancora il Brasile. La diffidenza verso le possibili implicazioni ideologiche dei movimenti per l'educazione popolare avrebbe poi dato adito alla loro repressione nel successivo *golpe* militare, che interessò tra l'altro anche istituzioni formali come il Collegio Applicativo e il Servizio di Insegnamento Vocazionale, i cui personali docente e amministrativo furono oggetto di indagini e arresti con l'accusa di *sovversivismo*[53].

La dittatura militare che si instaurò nel 1964 aveva come obiettivo la soppressione del governo legittimamente eletto del presidente João Goulart, accusato di attuare politiche "comuniste" tramite le riforme di base in tutti i campi della società brasiliana[54]. La durezza delle re-

---

[52] Si veda *infra*, 2.1.2.

[53] «Queste esperienze furono interrotte dal governo perché furono considerate 'politicamente pericolose'. Di fatto l'adozione di una pedagogia orientata a risvegliare lo spirito critico e creativo degli alunni, portandoli a fare ricerca e a non accettare passivamente le conoscenze ricevute, non poteva essere tollerata da un regime militare autoritario come quello all'epoca in vigore nel paese». Cfr. M.J. Garcia Werebe, *Grandezas e misérias do ensino no Brasil*, Difusão Europeia do Livro, 1970 (la traduzione è mia).

[54] Il regime militare brasiliano fu il primo di molti altri simili, che si diffusero negli anni Settanta in tutto il Centro e Sudamerica per contrastare l'influenza di movimenti socialisti e popolari, proibire le associazioni sindacali e reprimere le opposizioni ai governi conserva-

pressioni, gli arresti, i *desaparecidos*, le torture, la censura di stampa ed espressioni culturali, condannarono all'esilio e alla fuga molti esponenti delle opposizioni. La politica governativa si concentrò sulla riproposizione di un nazionalismo populistico ambiguo, che premeva sull'identità e l'indipendenza del popolo brasiliano con tendenze autarchiche anche sul piano culturale, ma di fatto difendeva interessi politici ed economici stranieri, oltre a impedire alla cultura brasiliana di svilupparsi fuori dagli schemi imposti. La ripercussione immediata dell'autoritarismo nell'educazione fu la soppressione delle organizzazioni studentesche universitarie e la sostituzione di queste con un Direttorio centrale degli studenti per ogni università, affiancato da un Direttorio accademico per ogni corso, proibendo così non solo una rappresentanza fuori controllo, ma ogni tipo di azione politica studentesca, come espresso dallo slogan «lo studente deve studiare, il lavoratore deve lavorare». Nelle scuole secondarie si istituì l'incarico di professore di «Educazione Morale e Civica»[55], che operava in spazi scolastici adibiti a *centri civici* (ad esempio le palestre) per orientare eventuali dibattiti e direzionare le persone verso il giusto modo di comportarsi rispetto alla politica governativa. Ciò faceva parte del tentativo del regime militare di educare (o, come sarebbe preferibile dire, di manipolare) politicamente la gioventù, infatti dopo i primi anni di assestamento il corso di «Educazione Morale e Civica» fu reso obbligatorio nelle scuole di ogni grado, divenendo «Organizzazione Sociale e Politica Brasiliana» nei licei e «Studi di Problemi Brasiliani» nelle università. La reazione studentesca sull'onda del '68 portò a vari scontri e alla recrudescenza della dittatura, che sospese le garanzie istituzionali con il famigerato AI-5[56] e, specificamente per

---

tori. Ciò fu reso possibile anche grazie a una serie di iniziative note come *Operazione Condor*, a supporto di organizzazioni militari e paramilitari di orientamento politico reazionario, spesso foraggiate dagli Stati Uniti del presidente Nixon per mantenere il controllo sul cosiddetto "cortile di casa". Cfr. N. Mariano, *As Garras do Condor*, Vozes, São Paulo 2003.

[55] Con il *Decreto-lei* n. 869, de 12 de setembro de 1969, il cui testo è consultabile in rete all'indirizzo: https://www2.camara.leg.br/legin/fed/declei/1960-1969/decreto-lei-869-12-setembro-1969-375468-publicacaooriginal-1-pe.html. Si veda anche *infra*, Appendice, II.

[56] L'*Ato Intitucional n. 5* concedeva poteri speciali al Presidente della Repubblica per la repressione delle attività sovversive e per la direzione delle funzioni del Congresso Nazionale. La sovrapposizione dell'AI-5 alla Costituzione del 1967, promulgata dallo stesso regime, incontrò qualche resistenza tra i vertici militari, senza che tuttavia ciò influisse sulla sua messa in pratica. L'AI-5 fu poi revocato dieci anni dopo. Il testo della legge è consulta-

le scuole, il Decreto-legge n. 477/69[57] con cui proibiva a professori, allievi e funzionari di tutte le scuole qualsiasi manifestazione politica, procedendo ad arresti, interrogatori, pensionamenti forzati e in alcuni casi all'esilio dei "sovversivi", tra i quali rientrò Paulo Freire.

L'esigenza di inserire il Brasile nell'economia di mercato aumentò la tendenza tecnicista dell'insegnamento, applicando alla scuola la concezione aziendale della razionalizzazione dei mezzi di produzione. Si doveva insomma adeguare la scuola alle esigenze di formazione per lo sviluppo economico, con l'amministrazione del settore educativo per la crescita di *capitale umano*[58]. Ciò portò a una crescente burocratizzazione dell'insegnamento e a una pianificazione non sempre legata alle esigenze quotidiane di docenti e alunni, separando l'ideazione del lavoro didattico dalla sua esecuzione. La riforma tecnicista fu coadiuvata dall'accordo MEC-USAID[59], con cui il Brasile avrebbe ricevuto cooperazione finanziaria e assistenza tecnica dagli Stati Uniti. Le direttive generali prevedevano la formazione di professionisti per occuparsi della necessità di mano d'opera specializzata in un mercato in espansione, la formazione di cittadini coscienti del proprio ruolo lavorativo e sociale, la creazione di consigli di professori e imprenditori per stabilire relazioni tra scuola e comunità. I vari corsi scolastici furono riformati: scuola elementare e ginnasio vennero accorpati in un ciclo unico obbligatorio di otto anni, o *séries*, rinominato *primeiro grau* («primo grado»); gli antichi corsi scientifico e classico vennero fusi in un corso di tre anni, il *segundo grau*; infine il *terceiro grau* era l'università. Lo studio dell'inglese fu implementato sin dal primo grado, ma altre materie furono cancellate o fortemente ridotte nel carico orario, come storia, filosofia, latino ed educazione politica, sostituite dai corsi di indot-

---

bile in rete in lingua originale all'indirizzo: http://www.planalto.gov.br/ccivil_03/AIT/ait-05-68.htm

[57] Il testo della legge è consultabile in rete in lingua originale all'indirizzo: http://www.planalto.gov.br/ccivil_03/decreto-lei/1965-1988/Del0477.htm

[58] Tra i presupposti teorici del tecnicismo applicato all'educazione, oltre a influenze positiviste e behavioriste, possono essere ritenuti fondamentali il taylorismo e, naturalmente, l'elaborazione economica di Theodore Schultz.

[59] *Ministério da Educação e Cultura – United States Agency for International Development*. Gli accordi erano stati negoziati sin dal 1961, ma trovarono attuazione solo a partire dal 1966.

trinamento di cui si è detto. Sul fronte popolare, l'indice di alfabetizzazione era ancora superiore al 30% e il tentativo di diminuirlo diede vita al MOBRAL[60], che adottò il Metodo Freire epurandolo dal contenuto ideologico. Dopo un iniziale successo, il programma fu abbandonato per gli alti costi e lo scarso rendimento sul lungo periodo. Vista da una prospettiva generale, la riforma dell'educazione sotto la dittatura militare ebbe alcuni aspetti positivi, almeno sulla carta: oltre all'introduzione dell'obbligo di frequenza per le elementari, fu superata la separazione tra scuola secondaria e corsi tecnico-professionalizzanti, eliminando l'antico "dualismo" nell'insegnamento; si raggiunse l'integrazione del sistema scolastico nazionale dalle elementari all'università e si crearono le condizioni per la cooperazione tra scuola e mondo del lavoro. Allo stesso tempo, però, si diede una direzione fortemente tecnica e burocratica all'educazione, smorzando e reprimendo ogni tipo di studio volto a stimolare la creatività, e dunque la possibilità per gli studenti di acquisire consapevolezza del proprio valore di cittadini. Per di più, nonostante gli aiuti dall'estero, le risorse impiegate nella scuola rimasero insufficienti a dare piena attuazione ai progetti e ai lavori didattici.

Il ritorno alla democrazia, verso la metà degli anni Ottanta, avvenne con un lento processo di indebolimento del regime militare. Vi fu un'amnistia di cui Freire poté beneficiare per tornare in patria; la società civile e le organizzazioni studentesche fino ad allora clandestine tornarono a farsi sentire, per riappropriarsi degli spazi perduti. La rinascita di un dibattito sull'educazione partì dall'esigenza di reinserire la filosofia come corso di studio, che nel 1982 venne ripresa come disciplina facoltativa[61]. L'attenzione si spostò poi sulla ristrutturazione dei corsi di formazione per i professori di grado superiore e secondario, attraverso la trasformazione di trentuno scuole normali in Centri specifici di formazione e perfezionamento del magistero (CEFAM), al fine di far prendere contatto ai docenti con le tendenze più attuali in ogni area di insegnamento e promuovere la condivisione di

---

[60] *Movimento Brasileiro de Alfabetização*, istituito dal Decreto n. 62.455 del 22 marzo 1968, consultabile in lingua originale all'indirizzo: http://www2.camara.leg.br/legin/fed/decret/1960-1969/decreto-62455-22-marco-1968-403852-publicacaooriginal-1-pe.html. Si veda anche *infra*, 2.2.2.

[61] Si veda il *Parecer n. 342/82* del *Conselho Federal de Educação*.

pratiche e consigli tra colleghi[62]. Molti Centri furono impiantati tra gli stati del Minas Gerais e di São Paulo a partire dal 1988, con l'istituzione di borse di studio per gli studenti e il riconoscimento, oltre al salario stabilito per le lezioni, di ore extra ai professori per il tempo impiegato nella correzione delle prove, nell'organizzazione delle riunioni e nella preparazione didattica. Altre iniziative riguardarono la prevenzione della dispersione degli alunni, come il Programma di formazione integrale del bambino (PROFIC), che offriva la giornata integrale per le classi del primo grado. Il problema delle infrastrutture venne affrontato in modo da costruire velocemente edifici adeguati e specifici: la creazione dei Centri integrati di educazione pubblica (CIEP) fu concepita dall'architetto Oscar Niemeyer[63] come costruzione di blocchi prefabbricati in grado di accogliere mille alunni a giornata intera. Nei progetti erano inclusi un refettorio, un campo sportivo, una biblioteca, un gabinetto medico e odontoiatrico. Purtroppo la fretta di costruire gli edifici in tempo per le elezioni democratiche, i problemi di adattamento ai vari tipi di terreno, nonché le difficoltà sul piano teorico per stabilire l'esatto ruolo della scuola in seno alla società, abbassarono la qualità dei Centri, mentre l'alto costo del progetto impedì di sviluppare "una scuola da ricchi per i poveri".

Comunque, la questione della scuola pubblica tornò all'attenzione del legislatore nell'elaborazione della nuova Costituzione[64], in cui si stabilivano: l'insegnamento fondamentale obbligatorio e gratuito; il servizio pre-scolare per bambini da zero a sei anni; l'accesso all'insegnamento per tutti come obbligo per lo Stato; la valorizzazione delle carriere docenti; l'autonomia universitaria; il piano nazionale dell'educazione, rivolto all'articolazione e allo sviluppo dei suoi di-

---

[62] Cfr. L.A. Cunha, *Educação, Estado e democrazia no Brasil*, Cortez Editora, São Paulo 1995.

[63] L'architetto che progettò la città di Brasilia.

[64] Promulgata nel 1988, destina all'insegnamento diversi articoli; si vedano in particolare: art. 6 (l'educazione è un diritto sociale come l'abitazione, il lavoro ecc.); art. 205 (l'educazione è promossa con la collaborazione di tutta la società); art. 206 (l'insegnamento deve offrire uguali condizioni di partecipazione per tutti); art. 208 (l'insegnamento è garantito dallo Stato a tutti, gratuitamente e obbligatoriamente); art. 213 (le risorse pubbliche devono essere destinate alle scuole pubbliche). Il testo completo dell'attuale Costituzione è consultabile in lingua portoghese all'indirizzo: http://www.planalto.gov.br/ccivil_03/Constituicao/Constituicao.htm.

versi livelli e all'integrazione dell'azione pubblica per lo sradicamento dell'analfabetismo e il progresso nella formazione dei cittadini; la distribuzione delle risorse pubbliche con priorità per le necessità del piano nazionale dell'educazione; la possibilità di finanziare con risorse pubbliche quelle scuole comunitarie o filantropiche di cui sia comprovata la finalità non lucrativa. Su questa base costituzionale, si arrivò nel 1996 a una nuova «Legge delle Direttive e delle Basi dell'educazione nazionale»[65], che da un lato presentava una tendenza neoliberale nel delegare al settore privato varie funzioni statali, come l'educazione professionale (art. 36); dall'altro, assicurava borse di studio per gli studenti che non avessero possibilità di accedere alla rete pubblica per mancanza di posti o carenza di risorse (art. 77). L'insegnamento religioso nelle scuole pubbliche rimaneva come materia facoltativa, considerata parte della formazione del cittadino, ma senza alcuna forma di proselitismo (art. 33). Sulla formazione dei professori per l'educazione di base, veniva stabilita l'esigenza di una laurea o di un diploma negli istituti superiori di educazione per sostituire il corso magistrale di grado medio (art. 62). In pratica si incontrano in questa legge elementi conservatori e progressisti che riflettono, nel bene e nel male, le tendenze di tutta la politica brasiliana democratica attuale.

[65] Il testo della legge è consultabile in lingua originale all'indirizzo: http://www.planalto.gov.br/ccivil_03/leis/L9394.htm

Capitolo secondo

Verso i movimenti di alfabetizzazione

2.1. Lineamenti di politica e teologia latinoamericane

È utile, a questo punto, approfondire alcune questioni storiche dell'evoluzione socio-politica in America Latina, per delinearne le influenze sulla formazione di Paulo Freire e della sua idea di pedagogia radicale. L'importanza del rapporto tra esperienze di vita e produzione teorica è da sempre imprescindibile per ogni ricostruzione genetica di sistemi, di dispositivi, di proposizioni, di strumenti teoretici e pratici: l'attività pedagogica, politica e personale di Freire è infatti profondamente intrecciata agli eventi dell'America Latina (e del mondo) nella seconda metà del XX secolo. Dalla Teologia della Liberazione alle idee di stampo socialista, tra dittature, condanna all'esilio e riscatto internazionale, il terreno in cui le considerazioni di Freire affondano le radici è vasto e differente, influenzato da temi vicini alla cultura europea e al tempo stesso lontani ed estranei a essa. Per questo è bene tracciare delle *coordinate* per comprendere dove, quando e in che senso il percorso pratico-teorico freiriano ha avuto la sua ragion d'essere, ha prodotto determinati risultati e ha acquisito un valore d'interesse per l'attuale congiuntura storica.

È bene partire dalla ricostruzione del contesto politico, con l'*excursus* storico del Brasile del Novecento, un paese dominato dalle *élite* economiche attraverso una travagliata alternanza di governi liberali e severe dittature golpiste, in cui i militari hanno avuto il ruolo principale. In seguito si tracciano i lineamenti generali dei tre maggiori filoni culturali che hanno influenzato Freire nell'elaborazione della *pedagogia degli oppressi* e nella sua costante messa alla prova: 1) il fondamentale rapporto con il cristianesimo – un rapporto critico, in cui l'amore universale per l'umanità, per la persona e per il cuore profondo di ciò che accomuna tutti gli individui, non si limita a essere una mera posizione morale, privata e perciò *neutrale*, bensì il motore per la scelta etica e politica dell'agire nel mondo; 2) la concordanza con i principi fondamentali del marxismo, per come si è sviluppato nel contesto latinoamericano, in commistione con le posizioni spirituali e culturali del continente, nella tensione tra fedeltà ideologica e originalità identitaria, tra dogmatismo e innovazione; 3) infine, l'appartenenza di fatto all'ambito delle pedagogie critiche, come ad esempio la *descolarizzazione* o l'autogestione, che propongono sperimentazioni educative estremamente diverse dagli orientamenti tradizionali, visti come autoritari e funzionali alle ideologie dominanti.

2.1.1. Democrazia e dittatura

L'America Latina, in particolar modo durante la Guerra Fredda, ha subito le conseguenze dello sfruttamento, della dipendenza dai paesi del "primo mondo" e dello scontro tra superpotenze e modelli socioeconomici di vasta portata. Le realtà latinoamericane presentano una certa omogeneità di situazioni e destini, a partire dall'indipendentismo del XIX secolo fino alla rinascita democratica degli ultimi trenta anni.

Il Brasile, come visto, si è reso indipendente dal Portogallo nel 1822, passando da colonia a Regno e poi a Impero; la nascita della Repubblica Federale data al 1889 e si configura come un colpo di stato attuato dai militari. Questo evento pone l'esercito in una posizione di grande importanza strategica per il secolo successivo. La prima fase di alternanza democratica, detta *Republica Velha* (vecchia repubblica), è caratterizzata dalle spinte moderniste delle nuove classi emergenti, che vedono nell'industrializzazione e nella istruzione di massa gli strumenti per lanciare l'economia del paese sullo scacchiere internazionale. Alimentate dallo spirito culturale del positivismo e del liberalismo, le *élite* brasiliane concentrano però sempre più il potere nelle oligarchie regionali degli stati federali economicamente più avanzati, São Paulo e Minas Gerais. Proprio in seno ai militari nasce il movimento del *tenentismo*, in cui giovani ufficiali di medio e basso livello (i tenenti, appunto), insoddisfatti delle condizioni in cui versa il paese, danno vita a iniziative di lotta per il cambiamento. Diverse tendenze politiche tentano di porre in atto rivoluzioni nel corso degli anni Venti, senza però ottenere risultati duraturi. Getúlio Vargas[66], un avvocato ed ex-militare, si presenta alle elezioni presidenziali del 1930 come candidato del Rio Grande do Sul, in opposizione al candidato favorito, il governatore di São Paulo, sostenuto dall'oligarchia paulista, ma non da quella del Minas Gerais. La vittoria di quest'ultimo, forse manipolata, provoca uno scontro politico durissimo che culmina con un nuovo colpo di stato da parte dei militari, che pongono Vargas a capo di un governo provvisorio. Finisce la prima Repubblica e si instaura il regime del nuovo Presidente, il quale sospende le libertà democratiche, e fa cadere tutte le oligarchie regionali, tranne quelle del Minas Gerais e del Rio Grande do Sul. Nel 1932 riesce a schiacciare una rivolta indipendentista, la *Revolução Constitucionalista* intrapresa dallo stato di São Paulo per abbatterlo e convocare una nuova Assemblea costituente. Sebbene vittorioso, il governo convoca in ogni caso un'assemblea per estendere una nuova Costituzione democratica nel 1934, in vista di future elezioni; Vargas però ne critica molti aspetti[67] e nel giro di pochi anni, complice anche il fallimento di una rivoluzione comunista[68], riesce ad attuare un nuovo colpo di stato, fondando con l'apposita Costituzione del 1937 il cosiddetto *Estado Novo*: è l'inizio della dittatura personale vera e propria, caratterizzata da somiglianze con il fascismo europeo nel-

---

[66] Getúlio Dornelles Vargas (1882-1954) è stato una delle figure politiche più influenti del Brasile moderno. Di orientamento fortemente conservatore, è considerato per certi versi anche un progressista, per aver promulgato un *corpus* completo di leggi del lavoro. A differenza di altri dittatori, il suo nome è a tutt'oggi presente in piazze e strade di molte città e le sue idee ispirano la Fondazione Getúlio Vargas, ente privato per l'educazione e la ricerca. Probabilmente unico ex-dittatore al mondo a tornare in carica attraverso elezioni legittime, morì suicida per motivazioni etiche e politiche. Cfr. R. Bourne, *Getúlio Vargas - A Esfinge dos Pampas*, Geração Editorial, São Paulo 2012.

[67] Avrebbe poi ricordato tempo dopo: «Una costituzione affrettata, fuori tempo, presentata come panacea di tutti i mali, si tradusse in una organizzazione politica fatta nel segno di influenze personali e partitismo fazioso, slegata dalle realtà esistenti. Ripeteva gli errori della Costituzione del 1891 e li aggravava con disposizioni di pura invenzione giuridica, alcuni retrogradi e altri accennando a ideologie esotiche. Gli avvenimenti si incaricarono di attestarne la precoce inadeguatezza!». Cfr. G. Vargas, *A nova política do Brasil*, Volume 8, José Olympio Editora, 1940. La traduzione dall'originale portoghese è mia.

[68] La cosiddetta *Intentona Comunista* del 1935, che vide collaborare il Partito comunista brasiliano con varie forze progressiste nel quadro del *tenentismo* e delle rivolte di liberazione nazional-popolare dalle oligarchie e dagli interessi stranieri. Cfr. P.S. Pinheiro, *Estratégias da ilusão: a revolução mundial e o Brasil 1922-1935*, Companhia das Letras, São Paulo 1991.

l'ideologia smaccatamente nazionalista e anticomunista, nella politica repressiva e censoria, nell'organizzazione corporativista. Dura fino alla fine della seconda guerra mondiale: nonostante la neutralità ufficiale e le simpatie ideologiche per i paesi dell'Asse, il Brasile entra al fianco degli USA (quale *partner* economico privilegiato) dopo aver subito l'affondamento di alcune navi da parte di un sommergibile tedesco. Nello stesso anno della fine del conflitto, il regime entra in rapido declino e Vargas è deposto da tutti gli incarichi, per mano degli stessi militari che lo misero al comando quindici anni prima.

In Brasile inizia così una nuova stagione democratica, marcata dal populismo e da una forma diversa di nazionalismo, durante cui si attuano riforme economiche e sociali di varia tendenza, la più importante delle quali è la fondazione di un'azienda petrolifera statale, la Petrobras, ad opera di Vargas, che torna al potere nei primi anni Cinquanta, questa volta legittimamente eletto. Il successivo presidente, Juscelino Kubitschek, inaugura il periodo di maggior sviluppo del Brasile, promuovendo il programma del *desenvolvimentismo*, il cui frutto più spettacolare è la progettazione e costruzione della nuova capitale Brasilia. La produzione industriale e la costruzione di infrastrutture aumentano in tutto il paese, così come i beni di consumo. Dopo una rapida crisi politica, assume la carica di presidente João Goulart, "figlio politico" di Vargas, ma legato alla sinistra laburista: lancia un piano triennale con cui inizia una serie di riforme di base, tra cui una importante campagna di alfabetizzazione delle zone rurali, cui partecipa anche Paulo Freire, che per la prima volta impiega con grande successo il metodo da lui elaborato. Allo stesso tempo, Goulart introduce misure economiche volte alla protezione degli interessi della classe media, nel tentativo di ottenere e mantenere l'appoggio di tutti gli strati sociali. Il risultato è completamente l'opposto, provocando critiche sia dai partiti di destra che da quelli di sinistra, mentre frange dell'esercito si convincono dell'imminenza di una rivoluzione comunista.

Il 31 marzo del 1964 i militari compiono l'ennesimo colpo di stato, deponendo Goulart, che si auto-esilia in Uruguay, e arrestando i principali esponenti delle opposizioni, soprattutto di sinistra. È l'inizio di una dittatura militare che durerà fino al 1985 e sospenderà con una successione di Atti Istituzionali ogni tipo di libertà politica e civile[69]. Sebbene nei primi tempi l'intenzione sia di attuare un intervento di breve durata, cui far seguire nuove elezioni senza il "pericolo comunista", Esercito e Polizia Militare assumono presto poteri speciali, il Congresso Nazionale è sciolto e gli unici partiti legali sono l'ARENA (*Aliança Renovadora Nacional*), costituito dai membri della giunta militare, che legittimano il proprio status con una nuova Costituzione; e il MDB (*Movimento Democrático Brasileiro*), fragile e impotente partito di opposizione. I vari presidenti militari seguono una direzione politica ed economica simile ai governi Vargas, unendo nazionalismo e sviluppo industriale a un ferreo anticomunismo. Il successo economico dei primi anni Settanta e lo stretto controllo dell'informazione e dell'educazione, contribuiscono a rendere il regime piuttosto popolare, mentre le repressioni, l'uso estensivo della tortura, i rapimenti e gli omicidi sistematici degli oppositori politici (i cosiddetti *desaparecidos*) costringono una parte delle opposizioni all'esilio e alla fuga, soprattutto artisti, giornalisti e intellettuali di sinistra, tra i quali Paulo Freire. Altri decidono di organizzare movimenti di resistenza insurrezionali, il cui uso delle tattiche di guerriglia e terrorismo non riesce però a scalfire il potere militare, né a mobilitare larghe fasce di popolazione. Al contempo si sviluppa una sorta di resistenza morale, in seno alle chiese locali, la cui vicinanza agli strati più poveri della popolazione determina la nascita di una visione teologica impegnata nei problemi sociali. Si tratta di un movimento che ripropone in senso politico i valori di emancipazione presenti nel cristianesimo: la Teologia della Liberazione, che prende posizione in favore dei poveri, degli esclusi, dei diseredati, delle classi subalterne schiacciate dal potere politico ed economico, e delle loro lotte per una maggiore solidarietà sociale.

La dittatura militare del Brasile fornisce il modello[70] per gli altri regimi che negli anni successivi si diffondono in tutta l'America me-

---

[69] Cfr. M.J. de Rezende, *A Ditadura Militar no Brasil - Repressão e Legitimidade 1964-1984*, Eduel (livro digital), 2013. Consultabile in rete all'indirizzo: http://www.uel.br/editora/portal/pages/arquivos/ditadura%20militar.pdf

[70] Mediante l'istituzione della Legge di Sicurezza Nazionale. Il testo, in lingua portoghese, è consultabile in rete all'indirizzo: http://www2.camara.leg.br/legin/fed/declei/1960-1969/decreto-lei-314-13-marco-1967-366980-publicacaooriginal-1-pe.html.

ridionale e centrale, nel quadro dell'ormai nota Operazione Condor[71], foraggiata dagli USA di Nixon e Kissinger, volta a supporto di organizzazioni militari e paramilitari di orientamento politico reazionario, per contrastare l'influenza dei movimenti marxisti (sia insurrezionali che pacifici) e reprimere le opposizioni ai governi conservatori. Giunte militari attuano colpi di stato in Argentina, Cile e altri paesi, istituiscono stati di polizia con sistematiche violazioni dei diritti umani e brutali repressioni. Con modalità diverse, dunque, anche nell'Ovest si verificano operazioni di "polizia internazionale" per mantenere sotto controllo la zona d'influenza conquistata, senza necessità di ricorrere all'invasione territoriale come nell'Est sovietico.

Tuttavia, nella seconda metà degli anni Settanta l'economia brasiliana entra in crisi, l'inflazione aumenta sempre più e il malcontento si diffonde nei luoghi di lavoro, compresi gli strati inferiori dell'esercito. Il presidente militare Ernesto Geisel inizia allora una fase di lenta e graduale apertura politica nelle istituzioni, avviando un processo che porta alla Legge di amnistia nel 1979, grazie alla quale diversi esiliati possono tornare in patria (tra di essi anche Freire). Tra il 1983 e il 1985 un nuovo movimento civile, *Diretas Já*, si adopera per fare pressione sul regime per la concessione dell'elezione presidenziale diretta; la dittatura è ormai al collasso, con vari emendamenti costituzionali si apre definitivamente la strada alla democratizzazione, fino alla nomina dell'Assemblea costituente e la promulgazione dell'attuale Costituzione nel 1988.

2.1.2. Cristianesimo e educazione liberatrice

L'origine del movimento teologico di liberazione risale alla conferenza generale del Consiglio Episcopale Latinoamericano[72] del 1968 in Colombia, nella città di Medellín. L'ispirazione per la riscoperta di una *chiesa popolare*, di una fede partecipe dei problemi sociali e popolari, deriva innanzitutto dalle istanze riformatrici del

---

[71] Cfr. N. Mariano, *op. cit.*.

[72] Organismo della Chiesa cattolica che riunisce i vescovi dell'America Latina. Fondato in Brasile nel 1955, ha tenuto sinora cinque conferenze generali; quella di Medellín fu la seconda. Cfr. il sito ufficiale http://www.celam.org/

Concilio Vaticano II sulla povertà della Chiesa e la sua contrarietà all'oppressione, nonché dalle esperienze europee negli anni Cinquanta di vicinanza di preti e pastori al mondo operaio e, perciò, di nuove spinte missionarie all'interno del mondo contemporaneo[73]. Anche i movimenti per i diritti civili negli USA e in particolare le lotte dei neri contro la segregazione danno impulso alla nuova teologia, così come le esperienze africane di rivolta contro il colonialismo e l'*apartheid*.

Preti e vescovi si riuniscono in varie conferenze lungo gli anni Settanta[74], definendo i concetti teologici alla base della loro vicinanza alle lotte di liberazione; sacerdoti e teologi come il peruviano Gustavo Gutiérrez e il brasiliano Leonardo Boff scrivono libri significativi per lo sviluppo dei concetti della Teologia della Liberazione[75]. Con la diffusione delle Comunità Ecclesiali di Base, la Chiesa latinoamericana inizia a stimolare concretamente la partecipazione e l'impegno nella quotidianità delle classi subalterne, escluse e affamate, fisicamente e moralmente. Alcuni sacerdoti partecipano ai movimenti insurrezionali e in seguito si impegnano nei governi rivoluzionari, con particolare successo nel Nicaragua sandinista.

Tanto da essere tra i primi bersagli non solo dei regimi repressivi, ma anche della Santa Sede, la cui reazione è severa: papa Giovanni Paolo II nega la possibilità di accomunare la visione di Cristo come "rivoluzionario" alle concezioni del cattolicesimo, mentre il cardinale Joseph Ratzinger, prefetto della Congregazione per la Dottrina della Fede, ritiene incompatibile la tendenza marxista della Teologia

---

[73] I "preti-operai" lavoravano nelle fabbriche e facevano opera di testimonianza sulla situazione delle classi lavoratrici europee, riunendosi in associazioni, pubblicando diari e fondando anche alcuni giornali. Tra i più noti si ricordano il francese Jacques Loew e l'italiano Sirio Politi. Inevitabilmente furono accusati di vicinanza al comunismo e osteggiati dalle alte gerarchie ecclesiali, costringendoli a scegliere tra l'obbedienza o la rinuncia all'attività pastorale. Furono riabilitati dopo il Concilio Vaticano II da Paolo VI. Si veda a titolo di esempio S. Politi, *Uno di loro. Pensieri ed esperienze di un prete operaio*, Gribaudi, Milano 1989.

[74] Fino alla terza conferenza generale del CELAM, a Puebla nel 1979, in cui viene definita concettualmente l'*opzione preferenziale per i poveri*.

[75] Tra i molti, si vedano in particolare: G. Gutiérrez, *Teologia della liberazione. Prospettive*, Queriniana, Brescia 1972; L. Boff, *Teologia della cattività e della liberazione*, Queriniana, Brescia 1977.

della Liberazione con la dottrina sociale della Chiesa cattolica, improntata al compromesso e non alla lotta[76].

Come ebbe a dire l'arcivescovo di Olinda (Recife), don Hélder Pessoa Câmara, teologo brasiliano: «Quando do da mangiare ai poveri, mi chiamano santo. Quando chiedo perché essi sono poveri, mi chiamano comunista»[77]. Certamente esiste una componente politica molto forte nelle tesi di questa teologia, scaturita dalla comprensione della situazione sociale ed economica dell'America Latina; la liberazione, di fronte al brutale esercizio del potere repressivo, non ha possibilità di compromesso bensì solo di sottomissione o di reazione missionaria: considerando la povertà un peccato sociale e la dittatura una contraddizione del disegno divino, peccatore è colui il quale perseguita e opprime gli sfruttati, le vittime che subiscono il peccato e che cercano giustizia. La salvezza, dal punto di vista cristiano, necessita di una liberazione sociale, politica ed economica, quali elementi distintivi della dignità umana: per questo l'impegno delle chiese deve andare in direzione di una presa di coscienza della realtà socio-economica di forte disuguaglianza, ponendosi a fianco dei poveri e dei diseredati, vittime della condanna alla miseria per l'opulenza delle *élite*. La rivendicazione della democrazia è fondamentale per la trasformazione di un tale sistema sociale ed economico, per l'eliminazione della povertà, dell'ingiustizia e della preclusione all'accesso a servizi come l'istruzione e la sanità. È qui, nella presa di coscienza sulle condizioni materiali degli oppressi e sul loro cam-

---

[76] Si vedano gli studi: *Libertatis Nuntius*, del 1984 (in italiano *Istruzione su alcuni aspetti della «Teologia della Liberazione»*, consultabile in rete all'indirizzo: http://www.vatican.va/roman_curia/congregations/cfaith/documents/rc_con_cfaith_doc_19840806_theology-liberation_it.html) e *Libertatis Conscientia*, del 1986 (in italiano *Istruzione sulla libertà cristiana e la liberazione*, consultabile in rete all'indirizzo: http://www.vatican.va/roman_curia/congregations/cfaith/documents/rc_con_cfaith_doc_19860322_freedom-liberation_it.html). In anni successivi, durante il pontificato di J. Ratzinger come Benedetto XVI, la Congregazione per la Dottrina della Fede ha continuato a esaminare la teoria e l'operato di altri sacerdoti vicini alle tesi sulla liberazione, condannando nel 2007 le idee del gesuita spagnolo Jon Sobrino, naturalizzato salvadoregno, contenute in due suoi scritti degli anni Novanta; la *Notificazione* in cui se ne spiegano le ragioni è consultabile all'indirizzo: http://www.vatican.va/roman_curia/congregations/cfaith/documents/rc_con_cfaith_doc_20061126_notification-sobrino_it.html

[77] Z. Rocha, *Helder, o dom: uma vida que marcou os rumos da Igreja no Brasil*, Vozes, Petropolis 2000, p.53.

biamento per raggiungere una società cristianamente intesa come solidale e libera, che risiede l'accettazione di una prospettiva marxista, ma allo stesso tempo bisogna tenere in conto il rifiuto di tesi classiste per cui gli oppressi debbano essere in lotta per il potere. La rivoluzione sociale è improntata principalmente all'amore per il prossimo e quindi alla carità, alla solidarietà per la creazione di condizioni di vita dignitose, in contrapposizione alla logica del profitto capitalista; e alla libera accettazione della dottrina evangelica, contrariamente all'indebito legame tra gli aiuti delle missioni e il seguito di fedeli. Non è azzardato pensare che il contrasto iniziale con i settori conservatori della Chiesa cattolica sia derivato da una percezione errata delle tesi latinoamericane come di una poco plausibile "infiltrazione comunista" in ambito ecclesiastico e, forse, dalla confusione tra le idee espresse nelle lotte popolari di liberazione e la retorica dei regimi del Blocco orientale, avversi alle concezioni religiose. Come è stato opportunamente sottolineato, «l'utilizzazione di procedimenti dialettici mutuati dal marxismo viene contestata non tanto al sacerdote Gutiérrez, quanto al teologo Boff; tuttavia, dopo le tensioni con la Congregazione per la Dottrina della Fede nel corso degli anni Ottanta, in particolare attraverso un documento pubblicato dalla stessa il 3 settembre 1984 (*Istruzione sulla Teologia della Liberazione*), le tesi della teologia latino-americana entreranno a far parte ufficialmente della riflessione teologica della Chiesa»[78].

Per i teologi della liberazione, dunque, il motore del cambiamento è l'uomo solidale e creativo, cosciente della realtà che lo circonda e partecipe dei problemi della società in cui vive: per ottenere questo c'è bisogno di un'educazione diffusa, perché ognuno possa sviluppare la creatività a vantaggio di se stesso e di tutti. In Brasile, dopo il *golpe* militare del 1964, l'educazione popolare subisce una battuta d'arresto nei programmi di governo, ma riprende vita nelle attività

---

[78] P. Colonnello, *La filosofia latinoamericana*, in V. Melchiorre (a cura di), *Filosofie nel mondo*, Bompiani 2014, p. 430. Interessante notare inoltre come papa Francesco, gesuita argentino, pur non avendo mai dichiarato una sua vicinanza alla Teologia della Liberazione, ne richiami in certo modo alcuni punti fondamentali, come la critica allo sfruttamento di un sistema economico iniquo e la necessità di creare una società etica e inclusiva, ad esempio nell'esortazione apostolica *Evangelii gaudium* del novembre 2013 (consultabile in rete all'indirizzo: http://w2.vatican.va/content/francesco/it/apost_exhortations/documents/papa-francesco_esortazione-ap_20131124_evangelii-gaudium.html).

delle Comunità Ecclesiali di Base, che proprio in questo periodo cominciano a diffondersi in tutto il paese. Esse contribuiscono alla resistenza contro la dittatura affiancando alla catechesi popolare l'educazione di base, impegnandosi sul problema della cittadinanza e dei diritti a essa legati e portando avanti le tematiche delle conferenze del Consiglio Episcopale Latinoamericano. Queste Comunità si costituiscono come nuclei di persone che si riuniscono per comprendere alla luce dei testi sacri la realtà sociale del proprio villaggio o quartiere, prendendo in tal modo coscienza delle proprie condizioni di vita, della situazione politica ed economica della società in cui vivono e realizzare con consapevolezza la rivendicazione dei propri diritti e la trasformazione della società. L'esercizio della cittadinanza parte quindi dalla lotta all'analfabetismo non solo dei bambini, ma anche degli adulti; l'apprendimento viene rivolto alla coscientizzazione popolare e l'educazione diventa allora, secondo la definizione di Freire, una pratica di libertà: è la pedagogia degli oppressi, o per estensione concettuale la pedagogia della liberazione. Il pedagogista sostiene, innanzitutto, che la chiesa non può essere neutrale:

> «*Non possiamo parlare della chiesa, dell'educazione o della funzione della chiesa nell'educazione, se non storicamente. Le chiese non sono entità astratte, ma istituzioni situate nella storia. Perciò, per comprendere la loro funzione in campo educativo, dobbiamo prendere in considerazione la situazione concreta in cui esistono. Se fossimo davvero convinti di queste premesse, non potremmo più parlare di neutralità della chiesa o di neutralità dell'educazione. Questa teoria della neutralità è sostenuta soltanto da chi ha una concezione pietosamente ingenua della chiesa e della storia, o da chi cerca scaltramente di mascherare la propria comprensione realistica dietro una finta neutralità. Oggettivamente, però, entrambi adottano la stessa prospettiva teologica. Quando insistono sulla neutralità della chiesa nei confronti della storia o dell'azione politica, assumono con ciò stesso un atteggiamento politico che favorisce inevitabilmente l'élite di potere contro le masse. "Lavarsene le mani" di fronte al conflitto tra potenti e inermi significa parteggiare per i potenti, non essere neutrali*»[79].

---

[79] P. Freire, *Educazione, liberazione e chiesa*, in *Teologie dal Terzo Mondo*, Queriniana, Brescia 1974, p.57.

La neutralità teorica è perciò il problema fondamentale dell'azione teologica e pastorale, con la conseguente *mitizzazione* di concetti come la presa di coscienza, intesa come puro mutamento interiore senza necessità di mutamenti nella realtà esterna condizionante, che rimangono in tal modo astratti. Che si tratti di ingenuità o di furberia, il risultato è lo stesso, l'accettazione e la difesa delle iniquità dello *status quo*, la riduzione della presa di coscienza a panacea, la rinuncia alla visione dialettica del rapporto tra soggetto oppresso e realtà oggettiva oppressiva. Ovvero, l'ostentata neutralità diventa essa stessa una scelta politica tutt'altro che neutrale. Il problema si estende perciò all'*educazione per la liberazione*, che se svuotata del suo contenuto politico e ridotta a metodo e tecnica, diventa un mezzo per *addomesticare* le persone. Ma operare perché l'educazione sia realmente liberatoria, sia cioè un'educazione critica, radicale e trasformatrice, è un compito difficile che richiede un impegno profondo e molti rischi, per giungere a un *risveglio* spirituale e razionale.

«*L'educazione per la liberazione non deve liberare gli studenti dalle lavagne solo per dare loro dei proiettori; deve invece preoccuparsi, in quanto prassi sociale, di contribuire a liberare gli uomini dall'oppressione che li soffoca nella loro realtà oggettiva. Diventa così educazione e formazione politica: non meno politica di quella che pretende di essere neutrale, mentre serve in realtà l'élite di potere. È perciò una forma di educazione che può praticarsi sistematicamente solo quando la società è radicalmente trasformata. [...] Un'educazione veramente liberatrice non può essere praticata che al di fuori del "sistema" ed anche allora con grande cautela, da parte di coloro che superano la propria ingenuità e si consacrano a un'autentica liberazione. Un numero crescente di cristiani dell'America Latina cominciano a rendersene conto e si trovano obbligati a fare delle scelte[...]. Abbiamo già visto che quanti rinunciano a sostenere acriticamente le classi dominanti incontrano, nel loro nuovo apprendistato tra le classi popolari, sfide e rischi prima sconosciuti. È durante questo apprendistato che molti cirstiani si accorgono ben presto che, quando in passato si impegnavano in attività sociali o religiose in realtà superficiali (diffondendo per esempio massime come "La famiglia che prega insieme sta insieme") erano lodati per le loro virtù cristiane. Ora però cominciano a comprendere che la famiglia che prega insieme ha anche bisogno di una casa e di un lavoro, di pane, vestiti, salute e istruzione per i figli; che i membri della famiglia hanno bisogno di esprimersi [...], che il loro corpo, la loro anima e la loro dignità vanno rispettati, se si vuole che la famiglia stia insieme, ma non tra sofferenze e miseria. Quando cominciano a vedere tutto ciò, si accorgono che la loro stessa fede è messa in questione da quelli che desiderano aver ancora maggior potere politico, economico ed ecclesiastico per riformare la consapevolezza degli altri»*[80].

I cambiamenti da affrontare sono dunque talmente imponenti da non poter essere risolti con tentativi di conciliare l'inconciliabile. Il cambiamento rivoluzionario del mondo passa dunque dalla coscientizzazione degli oppressi, della loro formazione come soggetti consapevoli, e consapevolmente partecipi, che *muoiono* in quanto classe oppressa per *rinascere* come uomini liberati. L'educazione è il mezzo basilare per la formazione delle coscienze, e la chiesa attiva e popolare nella difesa degli oppressi è il luogo in cui questa educazione critica può svilupparsi, a patto che entri nella storia viva e ne senta le contraddizioni stridenti.

Successivamente, la Teologia della Liberazione si è estesa anche alla riflessione filosofica, dando origine e impulso alla Filosofia della Liberazione, nata dal dibattito sull'esistenza o meno di una filosofia propriamente latinoamericana e impegnata nella proposta di soluzioni universali dal punto di vista culturale locale, il cui massimo esponente è l'argentino naturalizzato messicano Enrique Dussel, nella cui vasta opera (che abbraccia anche una reinterpretazione delle idee di Marx[81]) espande i concetti e i valori della Teologia all'etica e alla filosofia politica, fino al tema dell'identità fra discendenza coloniale, indipendenza nazionale e interdipendenza globale[82]. In tempi recenti la commistione di temi filosofici e di visioni politico-teologiche ha portato all'avvicinamento della Teologia della Liberazione con i movimenti *altermondialisti* ed ecologisti, in aperta critica al neoliberismo e in favore di un'attività democratica di base e dell'armonia tra umanità e natura.

---

[80] *Ibid.*, pp. 64-66.

[81] Cfr. E. Dussel, *Un Marx sconosciuto*, Manifestolibri 1999; e *L'ultimo Marx*, Manifestolibri 2009.

[82] Cfr. E. Dussel, *Filosofia della liberazione*, Queriniana, Brescia 1992; *Etica de la liberación, en la época de la globalización y de la exclusión*, Madrid 1998.

2.1.3. Marxismo periferico

La ricezione del pensiero marxista in America Latina[83] ha seguito un'evoluzione identitaria in cui all'ortodossia e alla fedeltà verso le forme consolidate e, in certo modo, dogmatiche delle idee di Marx e dei suoi epigoni, si sostituisce gradualmente una rielaborazione autonoma dei concetti chiave. Si può parlare in questo caso della differenza tra marxismo *europeo* e marxismo *periferico*, due poli di un processo di diffusione della teoria politica che ha trovato espressione sia in partiti e movimenti più o meno rigidi nella loro struttura, sia in figure intellettuali di rilievo, le cui interpretazioni hanno prodotto concezioni originali a fronte dei marxismi europei e asiatici.

Il primo confronto tra correnti di pensiero ha riguardato una particolare visione del positivismo, sia come indirizzo favorito nel lavoro filosofico (anche in seno al marxismo), sia come ideologia *de facto* delle classi dominanti nei vari paesi di Centro e Sudamerica: pensiero strettamente legato al liberalismo politico, è stato alla base delle elaborazioni teoriche delle nuove *élite* promotrici, o eredi, dell'indipendentismo nazionale tra la fine del XIX secolo e l'inizio del XX. Segno ancor oggi evidente dell'influenza del positivismo quale motore ideale della modernizzazione, è il motto della Repubblica Federativa del Brasile riportato sulla sua bandiera: *Ordem e Progresso*[84].

Proprio a partire da questo confronto ideologico si muove José Carlos Mariátegui[85], che sostiene la necessità di superare la concezione positivista sul piano filosofico, tanto in merito alla cultura politica latinoamericana, quanto all'influenza sul marxismo stesso: la visione positivista, ovvero razionalista, applicata all'interpretazione del marxismo ne irrigidisce la forza trasformatrice, conducendo a un fatalismo storico che apre all'inerzia politica anziché alla rivoluzione; inoltre è sintomo della influenza europea sul marxismo "importato" nell'America meridionale. Liberare il marxismo dalle incrostazioni

---

[83] P. Colonnello, *op. cit.*, p. 435.

[84] *Supra*, 1.4.

[85] José Carlos Mariátegui La Chira (1894-1930), politico, sociologo e giornalista peruviano, uno dei maggiori pensatori marxisti dell'America Latina. Tra le sue opere principali si ricordano *Sette saggi d'interpretazione della realtà peruviana*, *Lettere dall'Italia* e *Difesa del marxismo*.

positiviste[86], espanderlo dall'angusto orizzonte economicista verso la dimensione antropologica, vuol dire permetterne la conciliazione con la realtà concreta, con il proprio contesto storico e sociale. Per questo il marxismo di Mariátegui è caratterizzato dal tentativo di distacco dal pensiero europeo, dalla ricerca di una forte identità originale legata al contesto sudamericano e peruviano, fino a includere storia e cultura indigene (in particolar modo degli Inca, la cui *comunidad* precorrerebbe il comunismo[87]), in contrapposizione a un pensiero e a una cultura latinoamericane ancora dipendenti dal pensiero delle ex potenze coloniali.

Come sottolinea Sánchez Vázquez[88], Mariátegui è spesso considerato «il Gramsci dell'America Latina», espressione che «sottolinea, per analogia con il marxista italiano, l'originalità del suo pensiero in un periodo caratterizzato dall'uniformità e dalla rigidità di un marxismo stereotipato [...] nell'elaborazione di un marxismo rispondente alla realtà latinoamericana»; nonché «primo marxista dell'America Latina», in merito non solo e non tanto al primato cronologico, quanto soprattutto alla grandezza e al valore che gli vengono riconosciuti[89].

L'interpretazione mariateguiana recupera il valore del mito, avvicinandosi a una concezione volontaristica del marxismo, venata di suggestioni nietzscheiane:

> «*Il proletariato ha un mito: la rivoluzione sociale. Verso questo mito si muove con una fede fervente e attiva. La borghesia nega; il*

[86] Tema importante anche per Gramsci, che ne tratta nel famoso articolo *La rivoluzione contro «Il Capitale»*, su "Avanti!" del 24 dicembre 1917. Cfr. A. Gramsci, *Le opere*, Editori Riuniti, Roma 1997, p. 43.

[87] Cfr. J.C. Mariátegui, *Siete ensayos de interpretación de la realidad peruana*, Amauta, Lima 1928 (trad. it. L. Bordignon, *Sette saggi di interpretazione della realtà peruviana,* Massari Editore, Bolsena 2006).

[88] Adolfo Sánchez Vázquez (1915-2011), professore, scrittore e filosofo spagnolo, esule in Messico a causa della dittatura franchista, si è occupato principalmente del riscatto della *praxis* come categoria del pensiero marxista, adottandone una interpretazione anti-dogmatica in contrapposizione alle rigidità del materialismo dialettico "tradizionale" (ossia della sua interpretazione marxista-leninista).

[89] Cfr. A. Sánchez Vázquez, *Il marxismo latinoamericano di Mariátegui. Grandezza e originalità di un marxista latinoamericano,* pubblicato in Italia come introduzione a J.C. Mariátegui, *Sette saggi*..., cit.

proletariato afferma. L'intellettualità borghese si intrattiene in una critica razionalista del metodo, della teoria, della tecnica dei rivoluzionari. Quale incomprensione! La forza dei rivoluzionari non risiede nella loro scienza; risiede nella loro fede, nella passione, nella volontà. È una forza religiosa, mistica, spirituale. È la forza del Mito. L'emozione rivoluzionaria, come scrissi in un articolo su Gandhi, è un'emozione religiosa. I motivi religiosi si sono spostati dal cielo alla terra. Non sono divini; sono umani, sono sociali»[90].

Si tratta di una visione a tratti idealistica, che non esclude l'apporto di altre correnti di pensiero, come scrive esplicitamente il pensatore peruviano in *Difesa del marxismo*:

«*Vitalismo, attivismo, pragmatismo, relativismo, nessuna di queste correnti filosofiche, per quel che avrebbero potuto apportare alla rivoluzione, sono rimaste ai margini del movimento intellettuale, marxista. William James non è alieno alla teoria dei miti sociali di Sorel, tanto segnatamente influenzata, d'altra parte, da Wilfredo Pareto. E la rivoluzione russa, in Lenin, Trotsky e altri, ha prodotto un tipo di uomo pensante e operante, che dovrebbe dar da pensare a certi filosofi da quattro soldi pieni di tutti i pregiudizi e le superstizioni razionaliste, da cui si immaginano purificati e immuni*»[91].

Ribadisce quindi il carattere *indoamericano* del suo marxismo. Un marxismo *autoctono*, dunque, riequilibrato sulla realtà regionale. Sul fronte prettamente politico, è possibile notare come l'esperienza rivoluzionaria di Cuba, per lungo tempo unica nel successo ottenuto, abbia espresso un tipo di socialismo altrettanto legato alla situazione nazionale. A cominciare dallo slogan *patria o muerte*, dall'esaltazione della figura di José Martí, alle ambivalenti decisioni dei castristi nei primissimi tempi rispetto a USA e URSS, fino alla conservazione di simboli patriottici quali la bandiera e l'inno nazionale, Cuba ha vis-

---

[90] Cfr. J.C. Mariátegui, *El hombre y el mito*, Mundial, Lima 1925. La traduzione dall'originale spagnolo è mia. Consultabile in rete all'indirizzo: https://www.marxists.org/espanol/mariateg/oc/el_alma_matinal/paginas/el%20mito%20y%20el%20hombre.htm.

[91] Cfr. Id., *Defensa del Marxismo*, Amauta, Lima 1929 (trad. it. L. Lorenzini, *Difesa del marxismo*, Edizioni Fahrenheit 451, Roma 1996). La traduzione dall'originale spagnolo è mia. Consultabile in rete all'indirizzo: https://www.marxists.org/espanol/mariateg/oc/defensa_del_marxismo/index.htm.

suto i primi anni Sessanta in maniera ideologicamente "aperta". La peculiarità della rivoluzione cubana risiede proprio nel fatto di non essere legata all'iniziativa di un'avanguardia comunista[92], di non aver ricevuto reali contributi – nella fase della lotta armata – dall'URSS e di non aver assunto sin dall'inizio una prospettiva concretamente marxista, nonostante i timori statunitensi per le nazionalizzazioni di imprese straniere nei primi mesi del nuovo governo[93].

Solo in seguito, sull'onda dell'internazionalismo, Cuba appoggia tentativi rivoluzionari in America Latina e persino in Africa, facendosi promotrice del terzomondismo e del Movimento dei paesi non allineati. In questo frangente, l'opera di Ernesto «Che» Guevara sembra risolvere ogni dubbio teorico sulla commistione di antimperialismo, nazionalismo e riscatto sociale. Le rivoluzioni nel "terzo mondo" sono fenomeni di un'unica lotta, un unico scontro mondiale contro il predominio dell'imperialismo nordamericano; l'esaltazione dello spirito nazionale è un elemento importante per preparare le classi diseredate a scontri sempre più duri contro la repressione; e un tale sforzo, una tale lotta cruenta per la liberazione nazionale, non può es-

[92] Il «Movimento 26 Luglio» raccoglieva tutti i gruppi di opposizione alla dittatura di Batista, inclusi i comunisti, ma senza che questi avessero un ruolo predominante. In effetti i principali esponenti comunisti erano Raúl Castro ed Ernesto «Che» Guevara. Cfr. Trento A., *Castro e Cuba*, Giunti 2005.

[93] In una intervista rilasciata il 21 maggio 1959, Fidel Castro ha dichiarato: «La nostra non è una rivoluzione comunista e neppure capitalista. Ciò che conta per noi, che muoviamo da principi di dottrina umanistica, è il popolo; mobilitiamo le nostre energie per il bene delle maggioranze. Vogliamo liberare il genere umano da qualsiasi dogma; vogliamo rendere l'economia e la società libere senza terrorizzare o forzare nessuno. Nel mondo d'oggi ci dobbiamo confrontare con la scelta fra capitalismo, che vuole affamare le popolazioni, e comunismo, che risolve i problemi economici ma sopprime la libertà dei popoli che prima erano affamati [...] il capitalismo sacrifica l'essere umano, il comunismo, con le sue costruzioni ideologiche totalitarie e indecifrabili, sacrifica i diritti umani. Noi siamo contrari ad entrambi. La nostra rivoluzione non è rossa ma è verde oliva; porta i colori delle armate ribelli della Sierra Maestra». Tuttavia, dopo l'attacco aereo che ha preceduto l'invasione della Baia dei Porci nell'aprile del 1961, Castro ha annunciato esplicitamente il carattere socialista della rivoluzione, dichiarandosi poco tempo dopo un marxista-leninista. N.B.: dell'intervista da cui è tratta questa dichiarazione, nonostante numerose ricerche, non mi è stato possibile rintracciare il testo completo; quanto riportato è tratto da fonti che riportano la stessa citazione, integrale o parziale. Tra di esse: J. Ciment (ed.), *Encyclopedia of Conflicts Since World War II*, Routledge, New York 2007, p. 386; J. Domínguez, *Cuba: Order and Revolution*, The Belknap Press, Cambridge 1978, p. 208; U.S. Department of State, *The Department of State Bulletin*, Vol. 43, Part 1, p. 321; C. Furiati, *La Storia mi assolverà*, NET, Milano 2005, p. 357.

sere vittoriosa senza la costruzione di un'economia alternativa al capitalismo imperialista. La rivoluzione, dunque, non può essere di unità di classi, di borghesie e proletariati nazionali: le borghesie, in particolar modo latinoamericane, sono troppo deboli per affrancarsi dal capitale monopolistico degli USA, perciò la rivoluzione deve essere socialista, o rischia di essere una caricatura inefficace[94]. Convive con questa visione programmatica una dimensione passionale, quasi romantica, nella scelta di immagini retoriche dal sapore messianico:

> «*Bisogna che si formi un vero internazionalismo proletario. Con eserciti proletari internazionali, per i quali la bandiera sotto la quale si lotta sia la causa sacra della redenzione dell'umanità, in modo che morire sotto le insegne del Vietnam, del Venezuela, del Guatemala, del Laos, della Guinea, della Colombia, della Bolivia, del Brasile (per citare solo i Paesi dove oggi si combatte in armi) costituisce una gloria e un'aspirazione per un americano, un asiatico, un africano e anche per un europeo. Ogni goccia di sangue versata in una patria che non è la propria è un'esperienza che chi sopravvive può poi applicare nella lotta per la liberazione della sua terra. Ogni popolo che si libera è una parte di battaglia vinta per la liberazione del proprio popolo*»[95].

Nonché, nella rivendicazione del compito ultimo del comunismo: la costruzione dell'*uomo nuovo*, l'individuo artefice del proprio destino e cosciente delle proprie responsabilità di fronte alla collettività, pronto finanche al sacrificio per il bene dell'umanità, che in egli stesso si riflette. E questo individuo è il vero obiettivo della lotta per un mondo migliore, non l'edificazione di uno Stato socialista. Lo Stato può sbagliare e ogni sbaglio sminuisce gli sforzi individuali, che a loro volta sminuiscono il lavoro collettivo; integrare l'individuo con la massa è un'operazione dialettica di unità tra individui, ed è fondamentale per la rettificazione degli errori e, in ultima analisi, per l'entusiasmo della partecipazione rivoluzionaria[96]. In questo senso, anche Castro ha sottolineato per esempio il valore principalmente

---

[94] Cfr. E. Guevara, *Creare due, tre, molti Vietnam* (aprile 1967), Edizioni Alegre, Roma 2006.

[95] *Ibid.*

[96] Cfr. Id., *Il socialismo e l'uomo a Cuba* (marzo 1965), Baldini&Castoldi, Milano 1996.

morale di incentivi materiali come i premi ai lavoratori meritevoli, che hanno senso in quanto riconoscimento dello sforzo produttivo da parte dell'intera società, nel quadro di un'educazione sentimentale volta a far scomparire, nel lungo termine, l'egoismo insito nell'essere umano[97].

L'opera guevariana è comunque essenzialmente pratica, rivolta alla soluzione rivoluzionaria; su questa linea si trovano altre figure del marxismo latinoamericano, meno conosciute nel resto del mondo[98], in special modo il brasiliano Carlos Marighella[99]. L'originalità del pensiero di questi consiste nell'adattamento della guerriglia al contesto urbano, superando alcune concezioni ruraliste di Guevara, e nell'analisi delle condizioni specifiche della società brasiliana e del regime militare dal punto di vista della lotta di classe[100]. Sul rapporto tra marxismo e libertà, ritenuti agli antipodi dai fautori del *golpe* (e, per questo, ottima giustificazione del *golpe* stesso), scrive:

> «*Il marxismo non rappresenta soltanto una dottrina di interpretazione del mondo. Come teoria, la sua portata è molto più profonda.*

---

[97] Cfr. F. Castro, "Né metodi idealisti, né sistemi che tendono a risvegliare l'egoismo dell'uomo" (luglio 1965), in *Socialismo e comunismo: un processo unico*, Feltrinelli, Bologna 1969.

[98] Per esempio Luís Carlos Prestes (1898-1990), militare e politico coinvolto nel movimento di riforma sociale noto come *tenentismo*; è stato rivoluzionario prima di approdare al marxismo, capitanando la *Coluna Prestes* in una sorta di "lunga marcia" contro il governo della Vecchia Repubblica, andando però incontro a una pesante sconfitta. Interessatosi al marxismo, dopo un periodo in esilio torna con l'intenzione di organizzare una rivoluzione socialista contro Getúlio Vargas, sfociando nella cosiddetta *Intentona Comunista*, anch'essa risoltasi in un disastro, che favorirà la nascita dell'*Estado Novo* e avrà conseguenze terribili per Prestes e sua moglie. In seguito diventa segretario generale del Partito comunista brasiliano e si allinea su posizioni filo-sovietiche. Cfr. D.A. Reis Filho, *Luís Carlos Prestes: um revolucionário entre dois mundos*, Companhia das Letras, São Paulo 2014.

[99] Carlos Marighella (1911-1969), scrittore, politico e giornalista, già oppositore di Vargas, è diventato famoso per l'organizzazione della lotta armata contro la dittatura militare salita al potere nel 1964. Più volte arrestato e torturato, ha condotto personalmente azioni di guerriglia con l'organizzazione da lui fondata, la *Ação Libertadora Nacional*, fino alla morte in una imboscata organizzata dal DOPS. Oltre a saggi e articoli politici, ha scritto in clandestinità il *Minimanual do guerrilheiro urbano*, trattato di strategia militare applicato alla lotta armata nelle grandi città. Feconda anche la sua produzione poetica. Cfr. M. Magalhães, *Marighella: O guerrilheiro que incendiou o mundo*, Companhia das Letras, São Paulo 2012.

[100] Cfr. C. Marighella, *A crise brasileira*, in *Escritos de Carlos Marighella*, Editorial Livramento, São Paulo 1979.

La sua essenza, conviene accentuare, risiede nell'imperiosità della trasformazione della società, come decorrenza inesorabile della lotta di classe e del suo sviluppo. Il marxismo è, così, una dottrina rivoluzionaria. Come tale, non può esservi nulla capace di oltrepassarlo in materia di libertà. Poiché se il marxismo è la rivoluzione definita nel suo senso reale, cioè nel suo senso storico, costituisce in essenza la dottrina che (sul terreno teorico e pratico) incarna la libertà: espressione del recupero e della conquista di diritti fino ad allora vietati alle classi sfruttate, o utilizzati contro di esse. [...] In verità, in Brasile il marxismo è sottomesso a una sorta di processo criminale permanente. Tentando in questo modo di colpire il marxismo (collocandolo, per così dire, "sub judice") la dittatura pensa di spaventare le classi medie, disarticolare le forze di sinistra e le file dei comunisti, paralizzare l'azione di qualsiasi democratico o patriota (anche non marxista) e annullare qualsiasi opposizione o resistenza»[101].

Altra figura di primo piano per originalità della teoria politica è senza dubbio il presidente cileno Salvador Allende. Fautore di un marxismo democratico, ha dato del cambiamento rivoluzionario una prospettiva in piena sintonia con la democrazia rappresentativa liberale. L'obiettivo della liberazione dallo sfruttamento economico e umano forsennato dell'America Latina, cui si devono arretratezza e disuguaglianza[102], necessita di grandi riforme su molti piani di azione, ma non per questo deve ricorrere alla violenza e all'autoritarismo. Non l'imposizione dall'alto di un processo rivoluzionario, bensì la libera e volontaria adesione al progetto socialista, è la nuova via cilena alla rivoluzione. Nel suo primo discorso al Congresso, nel 1971, afferma:

«*Camminiamo verso il socialismo non per amore accademico verso un corpo dottrinario. Ci spinge l'energia del nostro popolo che conosce l'imperativo ineludibile di vincere l'arretratezza e guarda al regime socialista come l'unico che si offre alle nazioni moderne per ricostruirsi razionalmente in libertà, autonomia e dignità. Andiamo verso il socialismo per il rifiuto volontario, attraverso il voto popolare, del sistema capitalista e di dipendenza il cui risultato è una so-*

---

[101] Cfr. Id., *Porque resisti à prisão*, in *op. cit.*, p. 14 e p. 18. La traduzione dall'originale portoghese è mia.

[102] Cfr. E. Galeano, *Le vene aperte dell'America Latina*, Einaudi, Torino 1976.

cietà crudamente diseguale, stratificata in classi antagoniste, deformata dall'ingiustizia sociale e degradata dal deterioramento delle basi stesse della solidarietà umana. [...] Non saremmo rivoluzionari se ci limitassimo a mantenere le libertà politiche. Il Governo di Unità Popolare le rinforzerà. Non basta proclamarle verbalmente, perché sarebbero allora disillusioni o burle. Le renderemo reali, tangibili e concrete, esercitabili nella misura in cui conquisteremo la libertà economica. [...] Il popolo cileno sta conquistando il potere politico senza vedersi obbligato a utilizzare le armi. Avanza nel cammino della sua liberazione senza aver dovuto combattere contro un regime dispotico e dittatoriale, se non contro le limitazioni di una democrazia liberale, il nostro popolo aspira a raggiungere la tappa di transizione al socialismo senza dover ricorrere a forme autoritarie di governo. La nostra volontà su questo punto è molto chiara. Ma la responsabilità di garantire l'evoluzione politica verso il socialismo non risiede unicamente nel Governo, nei movimenti e partiti che lo integrano. Il nostro popolo si è alzato contro la violenza istituzionalizzata che su di esso fa pesare l'attuale sistema capitalista. E per questo stiamo trasformando le basi di questo sistema»[103].

Il *golpe* cileno del 11 settembre 1973 e la conseguente dittatura militare hanno sancito nel modo più brutale la fine di questo raro esperimento rivoluzionario democratico, più radicale del riformismo eppure moderato rispetto all'intransigenza guevariana. Allende non manca di citare nel suo discorso il cardinale Henríquez[104], per il quale sarebbe un errore dimenticare il posto che Gesù scelse fra gli uomini, e che anche la Chiesa dovrebbe occupare: tra i lavoratori, gli umili, i subalterni; era figlio di un falegname, non di un re. Ancora una volta l'identità del marxismo latinoamericano si avvicina al cristianesimo, in mutua influenza, come per la Teologia della Liberazione.

Ulteriore esempio di questo connubio è dato dalla rivoluzione sandinista in Nicaragua. Ispirata alle idee e alla pratica rivoluzionaria di

---

[103] Cfr. S. Allende, *Primer mensaje al Congreso Pleno*, consultabile in rete all'indirizzo: https://es.wikisource.org/wiki/Primer_mensaje_al_Congreso_Pleno_de_Salvador_Allende_(21_de_mayo_de_1971).

[104] Raúl Silva Henríquez (1907-1999), arcivescovo di Santiago del Cile, fu strenuo difensore dei diritti umani contro la dittatura di Pinochet. Ottenne da Paolo VI supporto alla creazione della *Vicaria de la Solidaridad*, rifugio per le vittime di soprusi, attivo dal 1976 al 1992, che forniva assistenza medica e legale.

Sandino[105], coniuga marxismo e cristianesimo nella serie di riforme attuate nel corso degli anni Ottanta, incentrate sull'eradicazione dell'analfabetismo e il rilancio di un'economia più equa[106]. Il rapporto tra il governo sandinista e la Chiesa nicaraguense ha infatti una base comune nell'adesione al socialismo per la ricostruzione sociale del paese, dopo anni di scontri; la Teologia della Liberazione assume così un ruolo preminente, forse più che in ogni altro paese latinoamericano, e di conseguenza si fanno più aspre le relazioni con la Curia romana. Anche in questo caso, il marxismo ha un'identità fortemente localizzata, è innanzitutto *sandinista* e conserva la propria autonomia (ideologica e d'azione) rispetto ai regimi "amici", che pure ne hanno sostenuto il governo (Cuba e Unione Sovietica).

Su un fronte insurrezionale, va ricordata la posizione dell'Esercito di Liberazione Nazionale della Colombia[107], di cui fu membro il presbitero e guerrigliero Camilo Torres: totale autonomia, ideologica e finanziaria, da movimenti e organizzazioni rivoluzionarie straniere; ricerca di modelli di comunismo autoctoni; costante integrazione tra cattolicesimo e marxismo, sulla scia della Teologia della Liberazione. Di questa, Torres era precursore; la sua particolare esperienza di vita tra le popolazioni più povere e sfruttate, nella realtà rurale colombiana, lo portò a considerare il cattolicesimo come inscindibile dal pensiero rivoluzionario, affermando che:

---

[105] Augusto César Sandino (1895-1934) fu il primo guerrigliero latinoamericano. Si batté contro le forti ingerenze degli USA in Nicaragua, in nome della sovranità nazionale e della difesa della lingua e della cultura locali, adottando tecniche di guerriglia contro l'esercito regolare. Antimperialista di ispirazione liberale, non si avvicinò mai al marxismo, nonostante la sua frequentazione di ambienti socialisti e anarchici. La sua visione della lotta politica armata è piena di suggestioni pauperistiche e "ascetiche", individuando nel principio del sacrificio, ossia nella volontaria rinuncia a qualsiasi forma di proprietà, di famiglia, di studio ecc., e nella conseguente accettazione definitiva della morte, la via della purificazione morale e materiale dell'essere umano. Cfr. S. Ramirez, *Adiòs Muchachos. Una memoria della rivoluzione sandinista*, Frilli, Genova 2003.

[106] Per quest'ultima, lo sforzo riformatore ricorda per certi versi le iniziative cooperativistiche jugoslave, con mantenimento di un settore privato a partecipazione statale, nel tentativo di trovare una strada alternativa alle nazionalizzazioni massive.

[107] Organizzazione guerrigliera attiva dal 1964, è una realtà minore rispetto alle Forze Armate Rivoluzionarie Colombiane (FARC) e ne differisce sia per il rifiuto di associarsi al narcotraffico, sia per l'ispirazione cristiana e religiosa oltre che marxista. Torres vi aderì nei primissimi anni, diventandone un ispiratore spirituale, anche se per breve tempo: morì nella prima azione di guerriglia, in uno scontro a fuoco, nel 1966.

«La cosa principale nel cattolicesimo è l'amore del prossimo. "Chi ama il suo prossimo compie la sua legge" *(São Paulo, Romani XIII, 8). Questo amore, affinché sia vero, deve cercare efficacia. Se la beneficenza, l'elemosina, le poche scuole gratuite, i pochi piani abitativi, quello che si è chiamata* "la carità", *non riesce a dar da mangiare alla maggioranza degli affamati, né a vestire la maggioranza degli ignudi, né ad insegnare alla maggioranza di quelli che non sanno, dobbiamo trovare strumenti efficaci per il benessere delle maggioranze. Questi mezzi non li cercano le minoranze privilegiate che hanno il potere, perché generalmente quei mezzi efficaci obbligano le minoranze a sacrificare i loro privilegi. [...] È necessario allora togliere il potere alle minoranze privilegiate per darlo alle maggioranze povere. Questo, se si fa rapidamente, è la cosa essenziale di una Rivoluzione. La Rivoluzione può essere pacifica, se le minoranze non fanno resistenza violenta. La Rivoluzione, pertanto, è il modo per realizzare un governo che dia da mangiare all'affamato, che vesta il nudo, che insegni a quello che non sa, che compia le opere di carità, di amore verso il prossimo, non solamente in forma occasionale e transitoria, non solamente per pochi, bensì per la maggioranza dei nostri prossimi. Così la Rivoluzione è non solo lecita, ma obbligatoria per i cristiani che vedono in essa l'unico modo efficace e completo per realizzare l'amore per tutti. È vero che* "non c'è autorità se non da Dio" *(São Paulo, Romani XXI, 1). Ma Tommaso dice che l'attribuzione specifica dell'autorità è fatta dalla gente»*[108].

A partire dagli anni Ottanta, con la graduale retrocessione dei regimi militari e il ritorno alla democrazia, si assiste alla riscoperta di Antonio Gramsci, nella ricerca di un marxismo più duttile e fecondo sul piano teorico, soprattutto in Brasile. Secondo Coutinho[109], l'importanza dell'elaborazione teorica e della metodologia gramsciane parte dal fatto che queste non sono inserite in una mera continuità con le idee di Marx, Engels e Lenin, ma si sono rapportate a esse in

---

[108] Tratto dal *Messaggio ai cristiani*, in C. Torres, *Liberazione o morte*, Feltrinelli 1969 (antologia).

[109] Carlos Nelson Coutinho (1943-2012), professore e politologo brasiliano, uno dei più noti intellettuali marxisti del Brasile, ha studiato a fondo i *Quaderni del carcere*, curandone l'edizione integrale in portoghese, oltre a un'antologia di scritti gramsciani. Ha lavorato a lungo in Italia ed è stato corrispondente della rivista «Critica marxista». In italiano è disponibile la sua opera *Il pensiero politico di Gramsci*, Unicopli, Milano 2006.

una dinamica dialettica di conservazione/superamento. In questo modo Gramsci si pone come esempio di originalità teorica, lontana dall'accettazione fissa e dogmatica di assunti ritenuti immutabili (non esiste infatti un "gramscismo" nel senso che si attribuisce, per esempio, al marxismo-leninismo) e perciò stesso in grado di trascendere il tempo e il luogo di elaborazione, diventando strumenti *aperti* di interpretazione, senza però perdere i necessari legami storici.

A tutt'oggi il Brasile è il paese che ha dimostrato maggiore attenzione al lavoro di Gramsci, secondo forse alla sola Italia; il pensiero gramsciano si è rivelato fondamentale per il recupero di una valida alternativa politica al neoliberismo, dopo il fallimento dei tentativi insurrezionali. Concetti come quelli di *egemonia* o di *guerra di posizione* sono entrati a far parte della teoria marxista latinoamericana perché in grado di rispondere alle nuove condizioni del continente e in particolare del Brasile dalla democratizzazione a oggi, ormai inserito nel modello socio-politico occidentale e nella globalizzazione capitalistica[110].

2.1.4. Pedagogie critiche e radicali

La pratica pedagogica di Freire, come si vedrà[111], è fondata sull'idea che lo studente possa assimilare l'oggetto di studio tramite una pratica dialettica con la realtà, in contrapposizione a ciò che egli ritiene un'educazione *bancaria*, tecnicista e alienante, che riduce l'allievo a un *conto* da riempire di informazioni. L'allievo, al contrario, può creare la sua stessa educazione costruendo da sé il percorso, anziché seguirne uno precostituito. In questo processo, l'allievo prende coscienza di ciò che sta studiando poiché si tratta della realtà in cui vive e di cui ha già esperienza. Questa visione è influenzata dall'idea secondo cui non esiste un'educazione neutra, in quanto ogni atto educativo è un atto politico[112]; ogni tipo di educazione ha in sé una pro-

---

[110] Cfr. G. Liguori, *Presentazione*, in C.N. Coutinho, *op. cit.*; di Liguori si veda anche *Gramsci conteso. Storia di un dibattito 1922-1996*, Editori Riuniti, Roma 1996.

[111] *Infra*, 3.2.

[112] A tale proposito, è bene ricordare due dei più autorevoli teorici sostenitori di questa interpretazione "ideologista" dell'educazione, Louis Althusser e Angelo Broccoli, che imple-

gettualità a medio e lungo termine che può perpetuare le strutture ideologiche e sociali esistenti, o preparare il terreno per la loro trasformazione e il loro superamento. Educazione e società sono in rapporto dialettico di mutua influenza, come lo sono la pratica pedagogica e la formulazione teorica educativa, con l'importante caratteristica di avere nel momento pratico la fonte e in quello teorico la conseguenza, che ritorna poi alla pratica spingendola oltre i risultati mediani raggiunti, continuando il processo – o ciclo – dialettico[113].

La radicalità di questa concezione pratico-teorica risulta tanto più comprensibile, quanto più la si inquadra nell'ambito delle *pedagogie alternative*, anticonformiste, antiformaliste e orientate alla creatività e al dissenso, sorte in un periodo di fermento culturale internazionale estremamente favorevole al superamento di modelli ritenuti ormai vecchi, inadeguati e autoritari. Tutto ciò nella prospettiva di un risveglio delle classi subalterne, di un cambiamento epocale rispetto alle ipocrisie di una *patina democratica* che, spesso, giustifica oppressioni e gerarchie sociali, risalenti a secoli di sfruttamento coloniale e interno. La pedagogia freiriana è anzitutto un metodo di socializzazione, di stimolo alla *coscientizzazione* degli oppressi, perché possano entrare costruttivamente a far parte della cultura, nella sua fruizione e nella sua produzione. Eliminare la *paura della libertà* e formare educatori nuovi, uomini nuovi aperti al dialogo con il popolo, è un obiettivo umanista di politica radicale, il primo vero passo

---

mentano una critica politica all'istituzione scolastica e universitaria come luogo di riproduzione dell'ideologia egemonica di classe. Cfr. F. Cambi, *Le pedagogie del Novecento*, Laterza, Roma-Bari 2005, Cap. 10 e 12.

[113] È interessante la similitudine di prospettiva con le riflessioni sul rapporto dialettico tra la conoscenza e la pratica che Mao Zedong esprime in uno scritto risalente al 1937: «Scoprire la verità mediante la pratica, e mediante la pratica confermare e sviluppare la verità. Partire dalla conoscenza percettiva e svilupparla attivamente in conoscenza razionale, e poi partire dalla conoscenza razionale e dirigere attivamente la pratica rivoluzionaria in modo da trasformare il mondo soggettivo e oggettivo. Pratica, conoscenza, di nuovo pratica e di nuovo conoscenza; questa formula nella sua ripetizione ciclica è infinita, e il contenuto della pratica e della conoscenza, a ogni ciclo, si eleva a uno stadio più alto. Questa è, nel suo complesso, la teoria della conoscenza del materialismo dialettico, questa è la concezione dell'unità del sapere e del fare» (Z. Mao, *Sulla pratica*, in Id., *Scritti filosofici*, La Città del Sole, Napoli 2008, p. 32). Freire si rifà spesso alle considerazioni di Mao sul ruolo degli intellettuali nel rapporto rivoluzionario con le masse, visto da una prospettiva che potrebbe oggi definirsi, forse, "terzomondista" e certo più vicina alle masse di molte analisi marxiste accademiche, che Freire tende a rifiutare.

verso la liberazione attraverso la partecipazione e la comunione. L'educazione problematizzante forma soggetti aperti alla ricerca dell'auto-miglioramento, a quell'*essere-di-più* che è il fondamento della liberazione, dell'emancipazione improntata a una visione utopica-progettuale che esprime una fede nell'umanità umiliata dall'ideologia dell'efficienza e dalla disumanizzazione del potere.

Le similitudini di questa impostazione con quelle di altri autori radicali del periodo, nell'ambito della contestazione culturale tra gli anni Sessanta e Settanta, non sono poche, soprattutto rispetto alla *descolarizzazione* proposta da Ivan Illich[114]. Secondo Illich, la formazione scolastica tradizionale ha come obiettivo la *professionalizzazione* degli individui, in modo da renderli funzionali alle esigenze economiche; ha perciò una natura manipolatoria, in quanto spinge ad accettare il controllo e la gerarchia nella società, preparando il terreno attraverso la separazione del sapere, la burocratizzazione dell'insegnamento e la sacralizzazione del ruolo dell'insegnante. La soluzione risiede nell'esatto contrario: distruggere l'istituzione scolastica, sostituirla con *reti informative*, una specie di *tessuto* che coinvolge tutta la società, trasformata così in *società educante*, in cui l'apprendimento è libero e costante attraverso la convivialità. La descolarizzazione mira dunque a riportare in seno all'intera società il compito di educare e formare i giovani, rendendo l'apprendimento informale e onnipresente. La scuola, al contrario, *sequestra* l'infanzia, rende profetiche le lezioni, appiattisce l'apprendimento sull'insegnamento e trasforma la conoscenza in un *rito d'iniziazione* al culto del progresso. Spostare l'apprendimento da un luogo deputato a vari momenti della vita in società, stimolare il senso della scoperta e l'indipendenza della propria formazione, può dare a ognuno la possibilità di trasformare ogni momento della sua vita in un'occasione di partecipazione, interessamento e apprendimento. Il circuito formativo alternativo sostituisce la scuola e favorisce la rinascita del-

---

[114] Il quale cita spesso Freire nelle sue pagine più significative; inoltre i due studiosi si sono incontrati più volte nel periodo ginevrino, lavorando assieme ad almeno due contributi teorici. Cfr. I. Illich, *Descolarizzare la società, Mondadori*, Milano 1972; P. Freire, I. Illich, *Dialogo in Seminario. Invitaction A Concientizar y Desescollarizar: Conversation permanente,* Ginevra 1974; e P. Freire, I. Illich, P. Furter, *Education para el cambio social*, Tierra Nueva, Buenos Aires 1974.

l'*uomo epimeteico*, ossia colui che apprende *dopo* aver fatto l'esperienza[115].

Ulteriori somiglianze possono riscontrarsi con progetti come la *autogestione pedagogica* di George Lapassade[116] e la *controscuola* di don Lorenzo Milani alla Scuola di Barbiana[117]. Secondo Lapassade, una pedagogia critica di tipo istituzionale si caratterizza per l'uso di metodi *non direttivi* e lo sviluppo di dinamiche di gruppo che rendono possibile l'autogestione pedagogica, in cui gli allievi sono messi in grado di farsi carico personalmente della loro formazione, in modo totale o parziale, in quanto *soggetti* e non *oggetti* dell'educazione. Ciò significa che la classe di studio non è più regolata dall'alto, secondo lo schema istituto-professore-allievo, bensì si autogestisce come una cooperativa, si regola attraverso discussioni collettive dei partecipanti e opera come un laboratorio. Una forma di *democrazia socialistica* che tenta di sottrarre l'educazione alle impostazioni utilitaristiche dell'economia e della società borghesi.

L'esperienza di don Milani ha già un'impostazione più classica, in quanto contraria alla descolarizzazione. La sua scuola, ben localizzata nel tempo (gli anni Sessanta) e nello spazio (Vicchio, un paese rurale dell'Appennino), è concepita in aperta opposizione con il classismo della scuola borghese del resto d'Italia, in cui discriminazione sociale e separazione tra mondo della cultura e mondo del lavoro sono la normalità. Il primato dello insegnamento linguistico è la base della congiunzione tra studio e lavoro, portato avanti durante l'intera giornata attraverso la discussione e la scrittura, per riappropriarsi del linguaggio, dell'espressione e dunque dell'autonomia di pensiero. La cultura legata al lavoro è perciò riaffermata come chiave dell'emancipazione sociale. La famosa *Lettera a una professoressa* rappresenta un atto di accusa e insieme un manifesto contro la scuola che respinge i figli delle classi subalterne verso i campi e le fabbriche, giudicandoli in base a una cultura considerata *bassa*, quando non del tutto inferiore. La concezione della scuola borghese è di una continua corsa ai risultati, al voto migliore, al conseguimento del diploma, senza alcun in-

---

115 F. Cambi, *op. cit.*, p. 147.

116 Cfr. G. Lapassade, *L'autogestione pedagogica*, FrancoAngeli, Milano 1973.

117 Cfr. Scuola di Barbiana, *Lettera a una professoressa*, Libreria Editrice Fiorentina, Firenze 1967.

teresse nello sviluppo della curiosità e della voglia di apprendere. L'esame, in base a cui è strutturata l'intera istituzione, è lo spartiacque con cui si favorisce l'immobilità sociale, si nega l'accesso alla classe dirigente di chi non è sufficientemente competitivo e, fuori di retorica, già appartenente all'*élite*. La riforma possibile, proposta nella pratica da don Milani, è la scuola comunitaria, allargata, dove si lavora e si studiano la lingua e il mondo circostante, con letture e discussione delle notizie quotidiane, per arrivare in seguito agli insegnamenti superiori (le varie discipline, comunemente intese). Una scuola così riformata, abbandonando il principio selettivo, diventa una scuola emancipatrice e favorisce anche gli ultimi[118].

2.2. Movimenti di alfabetizzazione comparati

Le coordinate storico-teoriche fin qui tracciate mostrano un'evoluzione culturale e politica determinata in maniera essenziale dalla condizione brasiliana e latinoamericana di subalternità e faticosa progressione verso lo sviluppo delle forze produttive organicamente intese (ossia non soltanto economiche, ma sociali, politiche, culturali, legislative, amministrative, urbanistiche e così via, con tutti gli intrecci relazionali che comportano); tale progresso contraddittorio e sofferto trova nell'educazione popolare per l'alfabetizzazione di giovani e adulti il tentativo, e insieme l'interesse, di elevare la popolazione al livello di interazioni e partecipazioni richiesto dalla modernità. L'educazione popolare, nel contesto descritto nei capitoli precedenti, si configura come il complemento e l'espansione della scuola pubblica, sopperendo in linea teorica al ritardo e alla difficoltà nella diffusione dell'alfabetizzazione, seguendo congiunture storico-sociali in cui educazione e obiettivi politici sono più evidenti che mai. Pertanto è utile tracciare una considerazione comparativa riguardo ai progetti del MCP (*Movimento de Cultura Popular*), del MOBRAL (*Movimento Brasileiro de Alfabetização*) e del MOVA (*Movimento de Alfabetização de Jovens e Adultos*), le tre principali esperienze di educazione e alfabetizzazione popolare attuate dagli anni Sessanta a

[118] F. Cambi, *op. cit.*, p. 87.

oggi, basate su presupposti didattici simili, ma con impostazioni ideologiche e relative implicazioni socio-politiche molto diverse[119]. Di particolare interesse è il lavoro di ricerca realizzato da Marcos Cezar de Freitas e Maurilane de Souza Biccas[120], da cui sono tratti anche i dati statistici di seguito riportati.

2.2.1. Movimento de Cultura Popular

Il MCP[121] sorge nell'ambito del *desenvolvimentismo* e parte dalle critiche mosse da Paulo Freire, Fernando de Azevedo, Anisio Teixera e altri all'educazione e all'organizzazione scolastica, considerate disconnesse dalla realtà del paese e basate su una tradizione "letteraria" e calcata sulla memorizzazione, con un carattere accademico e propedeutico. Il rinnovamento del processo educativo passa per la ricerca una corrispondenza alla vita concreta, allo sviluppo e alla formazione della nazionalità attraverso la formazione della società civile, ossia la partecipazione democratica. La nascita del MCP si deve politicamente al sindaco di Recife, Miguel Arraes, interessato ad allargare le azioni educative alla popolazione delle zone povere della città, il quale invita studenti, intellettuali, rappresentanti dei sindacati e la popolazione in generale al coinvolgimento nella creazione di un movimento autonomo di divulgazione culturale.

I temi principali discussi dai pedagogisti sono tre: la regionalizzazione dell'insegnamento; la necessità di promuovere l'adattamento dell'educazione alla cultura locale; il decentramento del sistema educativo. La valorizzazione della cultura locale dovrebbe trasformare la scuola e la comunità in parti attive nel processo di democratizzazione. Il luogo ideato per questo tipo di educazione è il *circolo di cultura*, in cui si incontrano docenti, lavoratori rurali, pescatori e operai, che scelgono insieme i temi da trattare per imbastire il lavoro di alfabetizzazione. Lavorando a Recife, Freire può sperimentare i nuovi me-

---

[119] G. Martino Jannuzzi, *Confronto Paulo Freire-Mobral*, in Gadotti M., *Paulo Freire: uma biobibliografia*, Cortez Editora, São Paulo 1996, p. 346.

[120] Cfr. M.C. Freitas, M. Biccas, *Historia social da educação no Brasil (1926-1996)*, Cortez Editora, São Paulo 2009.

[121] M.C. Freitas, M. Biccas, *op. cit.*, pp. 233 e ss.

todi di educazione attiva, concepita come un costrutto che si origina dalla cultura stessa, soprattutto da quella popolare, partendo così dalle conoscenze pregresse del popolo.

Dal 1961, iniziano alcune trasmissioni radiofoniche di programmi di alfabetizzazione e di educazione di base, mentre si producono i primi libri di testo incentrati sugli interessi degli adulti e le espressioni della cultura popolare del Pernambuco, oltre agli elementi di lingua e grammatica; è importante parlare con gli allievi per trovare una maniera di insegnare a leggere che fosse interessante per le persone del Nordest. Il MEB (*Movimento de Educação de Base*), organizzazione che fa riferimento alla Chiesa cattolica, produce le cosiddette *fichas de cultura*, quadri grafici con rappresentazioni di situazioni che mostrano l'essere umano come creatore di cultura, accompagnati da schemi testuali per la conduzione del dibattito: l'aspettativa è che i dibattiti sulle rappresentazioni portino ognuno ad acquistare coscienza di sé e del mondo circostante, cambiando così il proprio comportamento. Bisogna far capire l'importanza di imparare a leggere e a scrivere, per appropriarsi dei beni culturalmente prodotti: da qui si costruisce quello che diventerà il Metodo Freire, la cui applicazione più importante si otterrà nell'esperienza condotta nella città di Angicos.

Il circolo di cultura è l'unità di base del sistema di alfabetizzazione popolare: due monitori coordinano le attività realizzate dal gruppo di allievi, soprattutto il dibattito, che è la pietra angolare del processo di alfabetizzazione e coscientizzazione. I coordinatori impiegati ad Angicos sono soprattutto studenti universitari, preparati con un corso di dieci giorni su temi quali l'attualità brasiliana, la pianificazione dello sviluppo, le carenze e la mancanza di organicità dell'educazione in Brasile, più le considerazioni generali sul metodo di alfabetizzazione; infine l'approccio ai fondamenti teorici e metodologici. La cittadina di Angicos si trova a 156 chilometri da Natal, capitale dello Stato del Rio Grande do Norte; viene scelta per provare l'ampliamento del sistema dopo i primi successi della sperimentazione a Recife. Nel 1960 la popolazione è di circa 9500 abitanti, il 75% dei quali vive nella zona rurale; le principali attività lavorative sono la coltivazione del cotone e l'allevamento. Il progetto viene coordinato dal Servizio Cooperativo dell'Educazione dello Stato del Rio Grande do Norte, che si occupa di fare un quadro socio-economico e ricostruire l'universo del vocabolario per stabilire le parole generatrici necessarie al processo[122]. Il risultato è l'alfabetizzazione di trecento persone, uomini e donne, nel giro di quarantacinque giorni, che apre le porte all'espansione del progetto su scala nazionale; nel 1963 si organizza il primo Incontro Nazionale di Alfabetizzazione e Cultura popolare, in cui viene prevista a tal proposito l'installazione di 60.870 circoli di cultura per alfabetizzare 1.834.200 di giovani e adulti tra i 15 e i 45 anni, corrispondenti a circa il 9% della popolazione analfabeta in quella fascia di età. L'obiettivo di coordinare l'alfabetizzazione con la coscientizzazione dà forma a materiali nuovi: un volume di cartelli grafici con i temi generatori, un diario e un quaderno di alfabetizzazione, un testo di lettura con una storia organizzata in 26 lezioni; queste sono basate su elementi scelti per la comprensione dell'essere umano e del mondo, nelle relazioni che si stabiliscono tra essi, come la dimensione del conflitto nella vita umana, i disequilibri e le ingiustizie di un paese sottosviluppato, i concetti di classe sociale e lotta di classe, lo sfruttamento capitalista, la forza della cultura popolare, l'azione popolare per il cambiamento delle condizioni di vita[123]. L'amministrazione Goulart dà supporto al progetto nel Piano Nazionale di Alfabetizzazione, ma il *golpe* militare del 1964, come si è detto, pone fine a tutte le riforme considerate sovversive, perseguitando chiunque vi sia coinvolto, tanto in campo educativo quanto in ogni altro ambito interessato.

Il nuovo governo militare elimina il PNA con il Decreto n. 53.886/64 e perseguita gli studenti e i professori legati al MEB, silenziando così l'ampio spettro di progressisti e riformatori cattolici. L'educazione di giovani e adulti viene riformulata per diventare un elemento importante nei processi di mediazione tra Stato e società civile: da un lato può essere un mezzo per stimolare la coesione sociale, dall'altro diventa un modo di propagandare l'idea dello *stato di emergenza* in cui si viene a trovare il Brasile, ufficialmente ancora uno Stato democratico. Il primo tentativo di riformulazione dell'educazione popolare è la *Cruzada da Ação Basica Cristã* ("crociata dell'azione di base cristiana"), in sostituzione delle reti educative pre-

---

[122] *Infra*, 3.2.

[123] M. de L.A. Fávero, *A universidade no Brasil: das origens à Reforma Universitária de 1968*, in *Educar* n. 28, Curitiba 2006, riportato in M.C. Freitas, M. Biccas, p. 246.

cedenti. Il programma, concepito a partire da una visione di integrazione nazionale grazie a finanziamenti internazionali. L'obiettivo di questo programma educativo comunitario è di rendere capace l'analfabeta emarginato di partecipare alla società contemporanea, come contributore allo sviluppo socio-economico e ricevitore dei suoi beni; l'educazione viene prospettata come mezzo di sviluppo e possibilità di mobilità sociale (più prospettata che reale) per i poveri. Inoltre si deve seminare la *coscienza democratica cristiana*, che va a contrapporsi allo "sfruttamento politico dei gruppi estremisti", appoggiando quindi gli obiettivi del regime militare. La *Cruzada*, attiva dal 1964 al 1969, viene molto criticata dalla Chiesa cattolica (che si vede emarginata al livello popolare dai gruppi protestanti, privilegiati nel nuovo assetto), nonché da altri enti, soprattutto per via di azioni filantropiche volte ad attrarre nuovi allievi tramite la distribuzione di alimenti. In ogni caso, il progetto non riesce a consolidarsi come movimento di massa e cede il passo a un'altra iniziativa del regime, meglio strutturata.

2.2.2. Movimento Brasileiro de Alfabetização

Il MOBRAL[124] viene istituito nel 1967, come risposta dello Stato all'elevato indice di analfabetismo[125]. È organizzato su tre livelli: il MOBRAL Centrale, i Coordinamenti statali e territoriali, le Commissioni municipali, che assicurano la copertura dell'intero paese. In quanto strumento del regime, viene imposto e radicato senza alcuna consultazione delle comunità locali sulla pianificazione delle attività. Negli obiettivi posti l'analfabetismo, qualificato come *vergogna nazionale*, dovrebbe essere sradicato nel giro di un decennio. Vengono perciò elaborati svariati programmi educativi, i cui principali sono quattro: Alfabetizzazione Funzionale (imparare a leggere, a scrivere e a far di conto); Educazione Integrata (promuovere la continuazione degli studi dal programma precedente, con grande espansione grazie

---

124 M.C. Freitas, M. Biccas, *op. cit.*, pp. 247 e ss.

125 Che al censimento del 1970 risulta del 33% della popolazione adulta, corrispondente a 17.936.887 analfabeti sopra i 15 anni di età.

alle convenzioni tra MOBRAL e Segreterie municipali dell'Educazione; inoltre, migliorare la fiducia in sé dell'alfabetizzando e aiutarlo ad applicare nella vita quotidiana le conoscenze acquisite); MOBRAL Culturale (stabilire i processi di educazione permanente e stimolare l'ulteriore prosecuzione degli studi con l'appoggio della comunità); MOBRAL di professionalizzazione (offrire migliori condizioni economiche agli allievi poveri che volessero continuare nell'ambito della qualificazione professionale). La propaganda per attrarre allievi riceve grande supporto, con pubblicità persino sulle schedine di gioco nelle case della lotteria e nelle tabaccherie.

La decentralizzazione decisionale viene adottata per favorire la rapidità di esecuzione locale, senza attendere le pianificazioni; ma il controllo centralizzato per armonizzare il sistema e mantenere la coerenza degli obiettivi, condiziona fortemente le decisioni prese. Il sistema è caratterizzato da una struttura gerarchica e disciplinata: l'azione dei docenti non è libera, perché non vi è autonomia nell'organizzazione delle attività da svolgere con gli allievi. Per quanto riguarda i materiali didattici, tutti distribuiti gratuitamente, la produzione è affidata a tre imprese private (Abril Cultural, Bloch Editores e Gráfica Editora Primor) e non al MOBRAL; i testi mostrano le differenti realtà del Brasile, le riflessioni sono però condizionate da prospettive nazionaliste, in cui l'eterogeneità è sottomessa all'unico obiettivo nazionale, lo sviluppo economico (continuando così sulla scia del *desenvolvimentismo*, privato dei riformismi politici di base). Ciò risulta nell'uniformazione del materiale utilizzato in tutto il territorio nazionale, senza tener conto del linguaggio e delle necessità delle popolazioni di ogni regione. La formazione degli insegnanti è uno dei punti più critici, in quanto, a differenza del MCP, vengono reclutati in gran parte docenti con poca esperienza e l'aggiornamento è scarso, generando risultati tutto sommato di bassa qualità, nonostante la graduale retrocessione dell'analfabetismo di base.

Il metodo di alfabetizzazione freiriano viene ripreso sul piano didattico, con l'uso di parole e temi generatori su cartelli grafici e la valorizzazione di esperienze significative degli allievi, ma epurato del processo di coscientizzazione: i messaggi presenti nei cartelli propongono l'idea che l'incorporazione nella società moderna degli alfabetizzandi sia frutto dello sforzo individuale, senza spazio per la riflessione sulle ragioni sociali della propria condizione di analfabeti;

ossia, non vi è alcuna possibilità di problematizzare e mettere in discussione la realtà. In questo risalta la contraddizione del coinvolgimento massivo in una ideologia dello sviluppo economico nazionale, senza alcun accenno alle tensioni sociali da questo derivanti. L'educazione si riduce a semplice preparazione e adattamento dei soggetti alla realtà già accettata. Per di più, le parole generatrici inserite nei materiali di studio sono scelte dagli editori sulla base del loro *presunto* uso comune e quotidiano. Nel MOBRAL, insomma, l'alfabetizzazione popolare viene resa una pratica funzionale non *di libertà*, secondo la definizione freiriana, bensì *di assimilazione* al "modello brasiliano" di società civile e politica militarizzata. Questo movimento, interamente a carico dello Stato, subisce nella seconda metà degli anni Settanta modifiche e tagli dovuti alla recessione economica, che non consente il mantenimento degli alti costi di funzionamento, fino alla ricollocazione dei suoi programmi in fondazioni private.

2.2.3. Movimento de Alfabetização de Jovens e Adultos

Il MOVA[126], infine, è un'importante esperienza di alfabetizzazione popolare dell'epoca della ridemocratizzazione brasiliana, fondato nel novembre del 1989 da Paulo Freire durante l'incarico di assessore comunale all'educazione, come parte del lavoro per l'implemento della scuola pubblica popolare[127], e attivo ancora oggi. Istituito con il Decreto 28.302, che ha introdotto anche l'orario serale nelle scuole elementari e trasferito la competenza dell'alfabetizzazione degli adulti dalla Segreteria del Benessere Sociale a quella dell'Educazione, il MOVA basa la sua azione su quattro obiettivi di base: 1) sviluppare un metodo che renda gli allievi capaci di una lettura critica della realtà; 2) contribuire alla formazione della coscienza acritica tanto degli allievi, quanto degli educatori coinvolti; 3) incentivare la partecipazione popolare alla lotta per i diritti sociali della cittadi-

[126] Le informazioni sono tratte dal sito del Projeto MOVA-Brasil, successiva espansione su scala nazionale del MOVA-SP originario: http://www.memorial.movabrasil.org.br:8080/jspui/.

[127] *Infra*, 4.2.

nanza, in particolare quello all'educazione pubblica e popolare; 4) ampliare e rinforzare il lavoro dei gruppi civici già presenti nelle periferie. I docenti appartengono alle comunità locali, di cui conoscono le realtà socio-politiche e vi partecipano; ricevono una formazione iniziale di base e continuano l'aggiornamento con corsi finanziati dalla Segreteria dell'Educazione. L'organizzazione prevede gruppi in ogni zona della regione metropolitana di São Paulo, con un monitore per ogni gruppo, un supervisore e un responsabile amministrativo ogni dieci monitori, per accompagnare il lavoro pedagogico; tutti si riuniscono nel Forum dei movimenti popolari di educazione degli adulti, per unire le proprie esperienze e ampliarle tenendo presenti le relazioni tra le amministrazioni e le classi popolari.

Le lezioni si tengono nelle zone dove non vi sono scuole a sufficienza, a fronte di una grande domanda di educazione di base. Generalmente si usano spazi comunitari come sedi di associazioni o di imprese, asili, le stesse scuole ecc.; la capacità di adattarsi alle situazioni e alle condizioni, alle necessità degli allievi e alla loro realtà, consente di abbattere costi come il trasporto, essendo prossimi alle loro case. L'installazione del progetto avviene tramite convenzioni tra il Comune e gli enti assistenziali, le società, le associazioni di cittadini: il Comune paga gli insegnanti, gli enti locali si responsabilizzano per gli spazi. In ogni lezione ci sono dai 15 ai 25 allievi, la durata è di circa tre ore, quattro volte a settimana, di solito in orario serale. Si parte dalla comprensione della storia locale, della cultura e dei movimenti popolari, per iniziare ad avere una lettura critica della propria realtà; attraverso questa si costruiscono nuove conoscenze che, in forme sistematiche e progressive, aprono a conoscenze più elaborate fino a costruire soggetti trasformatori della propria realtà. La Metodologia MOVA[128] sviluppata tra gli anni Novanta e Duemila ha portato alla formulazione del progetto MOVA-Brasil, che opera in diversi altri stati quali Rio de Janeiro, Minas Gerais, Rio Grande do Sul, Santa Catarina e Parà.

---

[128] Esposta in Â. Antunes, P.R. Padilha, *Metodologia MOVA*, Cadernos de Formação, Projeto MOVA-Brasil, 2011. Si tratta di un manuale con la storia, i metodi e molti dati raccolti tra il 2003 e l'anno di pubblicazione. È liberamente scaricabile in formato pdf dal sito del progetto: http://memorial.movabrasil.org.br:8080/xmlui/handle/1234/350.

Capitolo terzo

Fondazione della pedagogia degli oppressi

3.1. Vita e opere di Freire

Ripercorrendo l'evoluzione della cultura pedagogica brasiliana, diventa chiaro come la scuola sia stata spesso caratterizzata da un orientamento esclusivista. La formazione intellettuale umanistica e scientifica, come è intesa oggi nei paesi del cosiddetto *primo mondo*, ha avuto in Brasile uno sviluppo lento e ristretto all'*élite*, mentre l'educazione concessa agli strati sociali subalterni è stata orientata principalmente alla preparazione tecnico-professionale, in accordo con le esigenze economiche contingenti. Persino nella temperie ideale del passaggio dal XIX al XX secolo, caratterizzata dall'ottimismo positivista e dall'entusiasmo per il progresso sociale e scientifico, molte questioni legate all'educazione sono rimaste ancorate a visioni culturali antiche, la cui refrattarietà ai cambiamenti ha rallentato l'evoluzione verso politiche di inclusione e integrazione, tanto scolastiche quanto genericamente sociali. In un tale contesto, aggravato dalle sofferenze istituzionali della Repubblica nell'avvicendarsi drammatico di democrazie e dittature, emerge la figura di Paulo Freire come elemento di rottura radicale rispetto a una lunghissima tradizione di tendenze esclusiviste nell'educazione. Da un quadro fortemente conservatore, le cui enormi difficoltà nella realizzazione di una scuola universale si sono trascinate fino a tempi recenti, proviene una delle proposte più innovative eppure "semplici" della pedagogia moderna e contemporanea: l'idea di un'educazione inclusiva e liberatrice basata sul dialogo, la comunicazione e la comprensione dell'Altro.

Anche se le idee di Freire hanno subito le più diverse critiche[129], è indiscutibile la sua fecondità e l'importanza dei suoi contributi al-

[129] Si veda, per alcune di esse (di fatto troppe per darne un elenco esaustivo nel presente lavoro), *infra* 4.1.3.

l'educazione popolare. Freire è innanzitutto un cristiano: le sue prime opere sono caratterizzate da una visione d'ispirazione nettamente spirituale; il suo cristianesimo si basa però su una concezione teologica liberatrice, concentrata sul problema della povertà, del contrasto con la ricchezza dovuto ai privilegi sociali. La formazione intellettuale freiriana combina un'iniziale neotomismo progressista a correnti filosofiche quali la fenomenologia, l'esistenzialismo e il marxismo, visibili nella formulazione dialettica della pedagogia degli oppressi. I fattori economici, politici e sociali sono determinanti per l'approccio alla realtà dal punto di vista educativo, dando vita a un metodo di alfabetizzazione che va oltre l'apprendimento di lettura e scrittura, per cui essenziale è la *coscientizzazione* degli allievi, la presa di coscienza rispetto alla propria realtà e alle proprie capacità di azione e partecipazione.

I riferimenti principali sono al lavoro biografico di Ana Maria Araújo Freire, Moacir Gadotti, Heinz-Peter Gerhardt e Carlos Alberto Torres in *Paulo Freire. Uma biobibliografia*[130], compilata un anno prima della morte del pedagogista brasiliano, che rappresenta la più completa raccolta di materiali e testimonianze di e su Freire mai apparsa, fonte a tutt'oggi imprescindibile per ogni studio approfondito sulla sua vita e le sue opere. La prima parte di questa imponente opera è intitolata «prologo biografico a quattro voci» e raccoglie i lavori degli autori summenzionati, ognuno dal suo peculiare punto di vista: Araújo Freire è «la voce della sposa» (educatrice anch'ella, è la curatrice-continuatrice dell'opera del marito); Gadotti è «la voce del biografo brasiliano» (nonché fondatore dell'Istituto Paulo Freire, oggi divenuto una realtà internazionale); Torres, «la voce del biografo latinoamericano» (ma si potrebbe dire anche statunitense, essendo questo autore residente negli USA da molti anni e principale esegeta di Freire in quel contesto); infine Gerhardt rappresenta «una voce europea» (si può dire la più autorevole nel panorama degli studi freiriani nel Vecchio Continente). Ognuno di loro affronta il compito di ricostruzione biografica da un punto di vista diverso, intrecciando la traiettoria di vita con l'evoluzione pratico-teorica e le innumerevoli influenze e confronti sia nazionali che internazionali. A tale rico-

[130] Cfr. M. Gadotti (a cura di), *Paulo Freire. Uma biobibliografia*, Cortez Editora, São Paulo 1996.

struzione a quattro voci si collega la seconda parte della biobibliografia, che raccoglie numerose testimonianze di amici, colleghi, studiosi e critici, i quali raccontano aneddoti, valutazioni, interpretazioni e riflessioni personali sui momenti di vita professionale e intima di Freire, restituendo un ritratto corale di una personalità complessa e allegra, utopista e realista, la cui fede nell'umanità e nelle sue sorti non è mai stata slegata dalla coscienza critica delle condizioni materiali dell'esistenza e delle relazioni di potere che le governano. Come nelle altre quattro parti in cui la biobibliografia è suddivisa[131], sono inoltre presenti numerosi *box* di commento su questioni specifiche, tratti da articoli, interventi, presentazioni e altre fonti.

3.2. Educazione degli adulti in America Latina

Le fasi della riflessione e della produzione pedagogica di Freire, secondo Gadotti, possono essere scandite seguendo in modo quasi sinottico le periodizzazioni principali della sua vita[132]. È bene perciò tentare di seguire in dettaglio la connessione tra formazione personale, lavoro e produzione teorico-pratica, al fine di comprenderne meglio influenze e risultati. Gli inizi, dagli anni della formazione alla scelta di occuparsi di educazione popolare nel contesto delle riforme, sono ricompresi nella vita in Brasile: l'alfabetizzazione del piccolo Paulo, nato nel 1921 è caratterizzata dall'intervento attivo dei genitori, grazie ai quali impara a leggere e a scrivere ancor prima di iniziare la frequentazione scolastica; le prime parole sono scritte sulla terra, con un bastoncino, sotto la guida della madre, mentre il padre lo educa alla pratica del dialogo. La prematura morte di quest'ultimo, nel 1934, e i riflessi locali della crisi economica internazionale del 1929 rendono

[131] Rispettivamente: sulle opere di Freire; sulla letteratura secondaria apparsa fino ad allora; sulle interpretazioni di colleghi e studiosi; sul lascito, come influenza ed effetto dell'attività pedagogica. Da segnalare, come opere biografiche, anche C. Beisiegel, *Paulo Freire*, cit.; e W. Kohan, *Paulo Freire, mais do que nunca: uma biografia filosófica*, Vestígio, Belo Horizonte 2019.

[132] Usualmente ripartite nel periodo brasiliano e latino-americano, il periodo dell'esilio e delle esperienze internazionali, e il periodo del ritorno in patria e del lavoro nella scuola. D'altro canto, è possibile vedere nell'evoluzione tematica la differenziazione più generale tra periodo nazionale e internazionale.

molto difficoltosa la vita familiare, in quanto il trasferimento da Recife in un piccolo centro della provincia, Jaboatão, con una scarsa offerta formativa, accentua le criticità già presenti nel *Nordeste* brasiliano. La realtà vissuta da Freire in quegli anni è perciò fortemente indicativa delle sue future scelte, in quanto sperimenta in prima persona la povertà, la desolazione e persino la fame che molti suoi connazionali conoscono da tutta la vita. È in questa situazione che si presentano a Freire, nel modo più concreto, le condizioni materiali dell'oppressione e della marginalità, espresse tanto sul piano economico, quanto sul piano esistenziale[133]. Dopo la formazione elementare, la situazione scolastica si presenta ardua, perché a Jaboatão non vi sono scuole superori pubbliche; ma grazie all'interessamento di un professore del Colégio Oswaldo Cruz[134], Freire può completare la sua formazione, appassionandosi alle materie umanistiche e allo studio della lingua portoghese. Terminati gli studi secondari nel 1943, si iscrive alla Facoltà di Diritto; si interessa inoltre allo studio della filosofia, con letture di pensatori cattolici come Maritain e Mounier. All'inizio degli anni Quaranta, la prima esperienza lavorativa è proprio quella di professore di portoghese nello stesso collegio, da cui ottiene una autonomia economica che gli consente di intraprendere gli studi universitari in giurisprudenza e ottenere l'abilitazione all'avvocatura. Le prime esperienze professionali lo convincono però che la sua strada è quella dell'educazione, probabilmente stimolando una diversa ricerca per un'ideale giustizia sociale. Sposa una collega di lavoro, Elza Maria Costa de Oliveira, che resterà con lui fino alla morte nel 1986, dalla quale avrà cinque figli.

Evitato l'arruolamento nella FEB[135] a causa del fisico gracile, prosegue la sua carriera entrando nel 1947 al SESI[136] come direttore del

---

[133] Cfr., *Paulo Freire. Educazione come liberazione*, Gregoriana, Padova 1989, Cap. 1.

[134] Fondato nel 1914, è oggi un gruppo di scuole che offre corsi in numerose aree, dall'ambito medico, a quello tecnico-scientifico e a quello umanistico, partendo dalle scuole medie fino ai corsi universitari (https://www.oswaldocruz.br/www/view/).

[135] *Força Expedicionária Brasileira*, contingente militare inviato nel 1944 per coadiuvare lo sbarco degli Alleati in Italia, distinguendosi nelle operazioni nei territori del nord, in particolare nella zona di Pistoia, dove è oggi presente il sacrario militare a essa dedicato. Cfr. A. Giannasi, *Il Brasile in guerra: la Força expedicionária brasileira in Italia (1944-1945)*, Carocci, Roma 2014.

[136] *Serviço Social da Indústria*, rete di scuole e istituti parastatali fondata nel 1946 per lo sviluppo economico e l'avanzamento culturale e sociale del Paese, al fine di migliorare la for-

Dipartimento di Educazione e Cultura, dove inizia il vero interesse per l'educazione degli adulti, in particolare dei lavoratori, avviando una esperienza decennale; tra il 1956 e il 1961 ricopre vari incarichi amministrativi di alto livello nel municipio di Recife, come membro del Consiglio Consultivo di Educazione e direttore del Dipartimento di Documentazione e Cultura. Il primo documento che attesta Freire come educatore progressista risale al 1958 ed è una relazione presentata al II Congresso Nazionale dell'Educazione degli adulti, tenutosi in luglio a Rio de Janeiro: in essa, prendendo in considerazione la situazione dei *mocambos*[137] del Pernambuco, Freire formula la necessità di fondare l'educazione degli adulti sulla coscienza della realtà di vita quotidiana da loro vissuta, anziché ridurla alla semplice conoscenza di lettere, parole e frasi. Per la prima volta, il pedagogista parla della necessità di condurre un processo di alfabetizzazione non *sull'uomo* (ossia impostandolo verticalmente, dalla superiore posizione dell'insegnante a quella inferiore dell'allievo) o *per l'uomo* (con atteggiamento assistenziale e paternalistico), bensì *con l'uomo*, calandolo nella sua realtà e vivendolo insieme. Bisogna pertanto stimolare la collaborazione, l'attitudine decisionale, la partecipazione e la responsabilità sociale e politica, per la costruzione di una società democratica in cui si abbia rispetto per il sapere popolare, dotato di una sua intrinseca dignità, spesso svalutata in nome della scientificità accademica. Questi concetti saranno rielaborati e approfonditi nella sua opera più famosa, *La pedagogia degli oppressi* (1970), tornando sempre in nuove forme in tutta la sua produzione successiva.

3.2.1. Educazione come pratica della libertà

Nel 1959, dopo un ciclo di lezioni di filosofia dell'educazione da lui tenuto presso il SESI, ha la possibilità di ottenere il titolo di Dot-

---

mazione e la qualità della vita dei lavoratori dell'industria e in generale della società brasiliana, in molti campi, compreso quello della sicurezza sui luoghi di lavoro (http://www.portaldaindustria.com.br/sesi/).

[137] I *mocambos* sono baracche e palafitte costruite con materiali di fortuna nelle periferie di Recife, spesso vicino al mare, costituendo in certo modo l'equivalente nordestino delle *favelas* del sud. Negli anni Cinquanta, oltre metà della popolazione cittadina viveva in questi ambienti malsani, in una realtà quotidiana di assoluta marginalità. Cfr. E. Guidolin, R. Bello, *op. cit.*

tore in Filosofia e Storia dell'educazione, discutendo una tesi dal titolo *Educazione e attualità brasiliana*: qui si trovano i primi orientamenti teorici di Freire sulla relazione tra l'uomo, la società e l'educazione, rivelando una prospettiva influenzata dalle prospettive del pensiero cristiano, per cui l'uomo è un essere di relazioni, aperto al mondo ed eternamente in dialogo con gli altri uomini, con il suo ambiente e con il Creatore, discernendo lo scorrere del tempo, le caratteristiche dello spazio fisico e la differenza tra il mondo naturale, creazione di Dio, e il mondo della cultura, sua propria creazione interdipendente da quella. Non potendo darsi un uomo slegato da ciò che lo circonda, Freire ne deriva la considerazione che l'educazione debba essere *umanizzante*, nel senso di educare e capacitare l'uomo a interagire e relazionarsi con la sua realtà; l'umanizzazione deve perciò basarsi sulla presa di coscienza del tessuto delle relazioni personali e sociali. In riferimento alla situazione del Brasile, l'ambiente in cui il brasiliano si trova a stabilire le sue relazioni è quello della modernizzazione economica, un processo in fase avanzata nelle zone urbane e ancora in fase embrionale nelle zone rurali; i brasiliani che vivono in questa fase di modernizzazione possiedono diversi livelli di coscienza, a seconda dell'ambiente in cui crescono. Una prima forma è la *coscienza intransitiva*, ovvero una coscienza che non è capace di cogliere relazioni tra questioni complesse, incentrata sulla sopravvivenza quotidiana, priva di dimensione storica e di impegno; questa sarebbe prevalente nelle zone più rustiche e lontane dal processo di modernizzazione. La *coscienza transitiva* sarebbe invece prevalente nelle zone economicamente più sviluppate, una forma di coscienza aperta a orizzonti più ampi rispetto alla mera sopravvivenza biologica, incentrata su problemi di natura storica e con un maggior tenore spirituale; ma anche questa seconda forma è spesso *ingenua*, cioè semplicistica nell'interpretazione dei problemi, tendente alla idealizzazione del passato, alla massificazione delle opinioni, alla fragilità delle argomentazioni e a un generale conformismo. Obiettivo dell'educazione umanizzante è pertanto la spinta verso una coscienza transitiva *critica*, caratterizzata dalla profondità interpretativa, dalla sostituzione di spiegazioni "magiche" con principi causali, dalla capacità di revisionare le posizioni, dal gusto per il dibattito anziché per la polemica, e via dicendo. Una trasformazione che non può essere desunta dalla pura e semplice trasformazione delle strutture socio-economiche, ma necessita della mobilitazione per una educazione efficace, diffusa e consapevole[138].

All'inizio degli anni Sessanta, Freire diventa uno dei principali educatori del Brasile, tra i fondatori del Movimento di Cultura Popolare che contribuisce a correlare strettamente le considerazioni teoriche con le esperienze sul campo, costruendo pertanto il *Metodo Freire* attraverso una sorta di auto-educazione degli stessi educatori. Il suo gruppo di lavoro ottiene, nel 1963, un risultato eccezionale: nella città di Angicos, nello Stato del Rio Grande do Norte, realizza l'alfabetizzazione di trecento adulti, tutti raccoglitori di canna da zucchero, insegnando loro a leggere e a scrivere in appena quarantacinque giorni. I dettagli del Metodo sono infatti improntati all'indagine, alla comprensione e all'apprendimento delle caratteristiche degli allievi e della loro realtà quotidiana, partendo dallo studio del linguaggio del popolo: studiando i rapporti tra alunni, genitori e insegnanti già nel periodo di insegnamento di lingua portoghese al SESI, Freire capisce che non si sensibilizza una persona attraverso discorsi astratti di alto profilo, ma comprendendo e discutendo la situazione reale della persona stessa. Il linguaggio deve seguire questa realtà, quindi il pensiero deve partire dalla pratica; comprendere lo scarto esistente tra il linguaggio popolare e quello erudito è il primo lavoro da affrontare, per un educatore. Questa stretta correlazione pratico-teorica modifica l'essenza dell'educazione degli adulti, che non si limita perciò a trasmettere contenuti e alfabetizzare in maniera meccanica, bensì indaga la realtà e *ne ricerca le ragioni*, divenendo un processo di formazione della coscienza critica. Un analfabeta che non comprende le ragioni del proprio analfabetismo (ragioni sociali, politiche, storiche ed economiche, in varia misura concorrenti a questa situazione di fatto), ritornerà sempre a essere analfabeta, nonostante l'apprendimento.

In base a tali premesse, è bene evitare la tendenza accademica a ridurre il Metodo a un insieme di tecniche per l'apprendimento della lettura e della scrittura. Freire intende infatti l'educazione come un invito all'analfabeta a uscire dall'apatia e dal conformismo, esortandolo a prendere coscienza di essere egli stesso un produttore di cultura. La

---

[138] C. Beisiegel, *op. cit.*, pp. 29-33.

condizione delle classi popolari, una condizione di *oppressione* sociale e culturale, è caratterizzata da un *essere-di-meno*, un kantiano stato di minorità che la coscienza ingenua intende come "destino", anziché come prodotto di un contesto relazionale ben determinato; l'educazione e l'alfabetizzazione servono allora a intraprendere il percorso necessario ad assumere il proprio ruolo partecipativo in questo contesto. Imparare a leggere e a scrivere assume un valore esistenziale decisivo, poiché rende le persone capaci di comprendere le ragioni della propria condizione, di reagire a essa, di acquisire progressivamente il controllo sulla propria vita, di abbandonare la visione ingenua del mondo; umanizzarsi vuol dire tendere a *essere-di-più*. L'atto educativo così inteso è pertanto un atto politico[139].

Una concezione che diventa un caposaldo della pedagogia di Freire: la differenza tra l'atmosfera *politica* dell'insegnamento in America Latina e l'ostentata *neutralità* di quello statunitense ed europeo, segna la differenza tra la concezione educativa come atto politico e quella dell'educazione come scienza, ovvero tra un'educazione immersa nei rapporti reali e una impostazione pedagogica basata su astrazioni concettuali, conseguente all'idea cristallizzata dei ruoli tra professore che trasmette il sapere e studente che la riceve.

> «*L'affermazione che l'educazione è neutra, in molti momenti, è più di una semplice affermazione. Alla stessa maniera di quando uno scienziato dice all'allievo: ora hai smesso di essere scienziato perché hai giudicato la realtà, e la realtà è lì perché parliamo di essa, semplicemente per farne una descrizione, non per essere giudicata. Al massimo per essere trasformata. Ed è interessante osservare come l'ideologia dominante, cristallizzandosi in frasi del genere, cerca di assumere o esprimere il peso di una verità irriducibile a sofisma, che non può essere distorta. Tu hai ragione: enfatizzando la apoliticità della scienza e dell'educazione, la loro politicità ne risulta sottolineata. La negazione della politicità è infine percepita come un atto politico*»[140].

---

[139] A.M. Araújo Freire, *A trajetoria de Paulo Freire*, in Gadotti M. (org.), cit., p. 37.

[140] P. Freire, A. Faundez, *Por uma pedagogia da pergunta*, Paz e Terra, Rio de Janeiro 1985, p. 22 (pdf). N.B.: tutte le traduzioni dei brani proposti nel presente lavoro, tratti da quest'opera, sono state da me realizzate sul testo della quarta edizione Paz e Terra (1998). Tuttavia, non mi è stato possibile accedere al volume cartaceo originale, pertanto i numeri di pagina dei brani rinviano al testo in formato pdf reperibile in rete. Si veda inoltre Appendice, I.

Le procedure alla base della prassi metodologica, come si è detto, partono dall'indagine dell'educatore, che in tal mondo apprende prima di insegnare. La prima esposizione sistematica è rinvenibile nell'opera *Educazione come pratica della libertà*[141], che riprende e amplia la tesi dottorale di Freire con l'esposizione completa del metodo di alfabetizzazione, fornendo anche esempi pratici e materiali didattici usati in varie occasioni, tra cui l'esperienza di Angicos (in risposta al cui risultato, il presidente Goulart approva l'adozione dell'esperienza nel Piano Nazionale di Alfabetizzazione, in cui si prevede la formazione in massa di educatori e l'impianto di ventimila nuclei educativi in tutto il paese). La ricerca prevede l'annotazione e la registrazione di tutto ciò che la comunità esprime, parole, frasi, proverbi, modi di dire, ecc.; questo procedimento porta a *codificare* il modo di vita delle persone, individuando le espressioni linguistiche più significative e importanti. La successiva *decodificazione* crea gruppi di parole cui agganciare le questioni esistenziali e politiche. Questa ricerca è sempre condotta in modi informali, mescolandosi alla comunità ed entrando in confidenza con le persone, per comprendere gli elementi fondamentali della cultura locale, in base a cui ricostruire il cosiddetto *universo del vocabolario*. Le parole individuate in questa fase preliminare sono definite *parole generatrici*, scelte in base alla lunghezza sillabica, al valore fonetico e al senso sociale attributo a esse dal gruppo; contestualizzandole in modo tematico, assumono una connotazione critica e aprono a ulteriori tematizzazioni, che servono a creare inoltre le mappe per lo smantellamento dei gruppi fonetici (arrivando così alla fase concreta della lettura e della scrittura). L'esempio più utilizzato per descrivere questo procedimento è dato dalla parola portoghese *tijolo* ("mattone"), usata la prima volta negli anni Sessanta a Brasilia, che all'epoca era una città in costruzione; questa parola viene prima inserita nella rappresentazione del contesto di un gruppo di muratori al lavoro, poi viene scritta nella sua forma intera e riscritta con le sillabe separate. Per ogni sillaba viene presentata la "famiglia fonemica" mediante l'inserimento delle altre vocali (ta-te-ti-to-tu, ja-je-ji-jo-ju, la-le-li-lo-lu) e con questa varietà di sillabe si

---

[141] P. Freire, *Educação como prática da liberdade*, Editora Cortez/Associados, São Paulo 1982 (trad. it. L. Bimbi, *Educazione come pratica di libertà*, Mondadori, Milano 1974).

stimolano gli allievi a combinare le varie parti in modi nuovi, per riuscire a formare altre parole della lingua portoghese (per esempio *lata*, "lattina"; *jato*, "getto (d'acqua)"; *tolo*, "sciocco"; *lula*, "calamaro", ecc.), arrivando a formare brevi espressioni e poi intere frasi, con l'inserimento e la scomposizione di altre parole generatrici. Nel momento in cui l'allievo riesce ad articolare le sillabe per formare le parole, ha raggiunto una alfabetizzazione di base che deve essere approfondita; la fase successiva della problematizzazione riprende la correlazione tra parole e cose, le mette in relazione con l'esperienza degli allievi, convertendo l'abilità di leggere e scrivere in abilità di realizzazione personale, di superamento dei limiti derivanti dalle situazioni reali, i cui elementi sono analizzati con la stessa attitudine di rielaborazione delle sillabe. Infatti la parola "mattone" può essere tematizzata con altre parole come "lavoro" o "salario"; attraverso la parola "governo" si possono agganciare i temi del potere politico, delle elezioni, del ruolo del popolo nella società, e così via. L'allievo alfabetizzato ha ora uno strumento di partecipazione politica[142].

Questa politicizzazione dell'educazione entra inevitabilmente nel mirino dei golpisti, che nell'aprile del 1964 instaurano la dittatura militare. Freire viene obbligato a recarsi due volte da Recife a Rio de Janeiro, per essere interrogato nell'ambito delle indagini sulle attività ora considerate "sovversive"; arrestato e rilasciato dopo due mesi e mezzo di detenzione, decide di chiedere asilo politico all'ambasciata della Bolivia, iniziando di fatto un esilio di quindici anni. Questo avvenimento apre il secondo grande periodo della sua vita, che dal 1964 al 1969 lo vede impegnato in Cile nelle riforme agrarie, i cui progetti di modernizzazione delle aree rurali necessitano di educatori per la formazione professionale dei tecnici. Esperienza fondamentale dal punto di vista del pensiero politico-pedagogico di Freire, che ha la possibilità di testare il suo metodo in un altro contesto, rivalutarlo e soprattutto sistematizzarlo; il tema della riforma gli dà occasione di affinare la questione dell'educazione tra teoria accademica, meccanizzazione e saperi pratici dei lavoratori della terra. Un periodo

---

[142] Per Freire, non basta saper leggere *Eva viu a uva* ("Eva ha visto l'uva"), bisogna anche arrivare a capire qual è il posto di Eva nella società, chi produce l'uva e chi lucra con questa produzione. Cfr. M. Gadotti, *Leggendo Paulo Freire*, a cura di B. Bellanova e F. Telleri, SEI, Torino 1995.

molto fecondo, insomma, che vede la crescita della produzione teorica freiriana: dapprima *Educazione come pratica della libertà*, del 1967; poi *Estensione o comunicazione?*[143], del 1969, un saggio specifico sulle questioni dell'educazione e della formazione professionale dei tecnici agronomi da inviare nelle campagne, per lavorare a contatto con i contadini; infine l'opera più nota e importante, *La pedagogia degli oppressi*[144], del 1970, accompagnata da altri saggi e articoli scritti come complemento alle questioni in essa proposte, raccolti nel 1975 sotto il titolo *Azione culturale per la libertà e altri scritti*[145].

Freire non nasconde le difficoltà di questo periodo: la dura esperienza dell'esilio distrugge il quotidiano in cui l'esiliato era immerso, sostituendolo con una vita "in prestito", una differente quotidianità in cui è necessario imparare di nuovo a muoversi, a comunicare con gli altri, a capire cosa succede e perché. Il trauma di dover lasciare il proprio paese, la propria casa, il proprio lavoro, sfocia spesso in una tendenza alla depressione. Questa esperienza si rivela comunque formativa: il trapianto in una realtà diversa forza l'esiliato al confronto con caratteristiche relazionali nuove ed estranee, costringe a ripensare i propri schemi mentali e le proprie abitudini. Quell'iniziale tendenza depressiva deve necessariamente lasciare il passo all'apertura verso l'Altro e quindi all'arricchimento di se stessi in una mutua conoscenza, anziché dissolvere la propria essenza nel rifiuto della nuova realtà. Freire espone le sue riflessioni su questa esperienza in un dialogo con l'amico e collega Antonio Faundez, anch'egli esiliato dal Cile:

> «*Uno dei problemi fondamentali dell'esiliato o dell'esiliata è esattamente di come risolvere la tensione acuta tra il trapianto di cui è vittima e il necessario impianto, che non può darsi né al di là, né al di qua di certi limiti. Se si radica troppo nella nuova realtà, corre il rischio di rinunciare alle sue radici; se resta sulla pura su-*

---

143 P. Freire, *Extención o Comunicación?*, Instituto de Capacitación e Investigación en Reforma Agrária, Santiago de Chile 1969 (edizione brasiliana *Extensão ou Comunicação?*, Paz e Terra, Rio de Janeiro 1979). Il saggio è inedito in Italia.

144 P. Freire, *Pedagogia do oprimido*, Ed. Zahar, Rio de Janeiro 1970 (trad. it. L. Bimbi, *La pedagogia degli oppressi*, Mondadori, Milano 1971).

145 P. Freire, *Ação Cultural para a Liberdade e outros Escritos*, Paz e Terra, Rio de Janeiro 1975. La raccolta è inedita in Italia.

perficie della realtà nuova, corre il rischio di annichilirsi in una nostalgia da cui difficilmente si libererà. Il tuo processo è stato anche il mio: ho sperimentato l'ambiguità di stare e non stare nel contesto dell'esilio, ma la drammaticità dell'esperienza mi ha fatto crescere. È un equivoco pensare che l'esilio è pura negatività. Esso può costituirsi anche come un test di profonda ricchezza, di profonda creatività, se nella lotta per la sopravvivenza l'esiliato ottiene un minimo di condizioni materiali. A quel punto, la questione che si pone è di sapere se siamo capaci di comprendere o meno i fatti in cui siamo coinvolti durante l'esilio, per poi apprendere da essi. [...] L'esiliato vive una realtà in prestito. [...] Il tuo corpo è venuto impregnato, come per qualsiasi esiliato, del contesto di origine, impregnato della storia e della cultura del tuo contesto. Impregnato dei sogni che in esso avevi, delle tue scelte di lotta, del tuo impegno con le classi lavoratrici, delle tue aspettative, dell'idealizzazione del contesto. Quale che sia il mondo in cui arriva l'esiliato, la sua tendenza è di vivere, sin dal primo momento del suo arrivo, la sensazione ambigua della libertà, da un lato, per essere fuggito da qualcosa che lo minacciava e, dall'altro, l'aver sofferto una cesura drammatica nella sua storia. Convivere con questa ambiguità è un apprendistato difficile che l'esiliato deve fare. Deve apprendere a "godere" della tensione della rottura che l'esilio provoca; il suo ruolo non è di approfondire la rottura, se l'esiliato apprende a vivere questa tensione (senza negare, da un lato, il suo contesto, come se fosse possibile decretare che già non ha più nulla a che spartire con esso, o come se, arrabbiato perché obbligato a lasciarlo, tentasse punirlo, dicendo: "già non mi ricordo più di te"; e dall'altro, senza ripudiare il contesto in prestito), lì trova allora il suo tempo di attesa nell'esilio, attesa nell'azione, si crea un tempo di speranze. Per questo ho parlato della tensione della contraddizione tra il contesto originale e il contesto secondario. O apprendiamo a superare la negatività che la rottura implica per cogliere e assumere le positività del nuovo contesto, o ci dissolviamo nell'esilio. [...] In fondo, tutto questo mi ha insegnato e ha continuato a insegnarmi molto. Mi ha insegnato a vivere, a incarnare una posizione o una virtù che considero fondamentale non solo dal punto di vista politico, ma anche esistenziale: la tolleranza. *Tolleranza non significa in alcun modo abdicazione di ciò che ti sembra giusto, di ciò che ti sembra buono e di ciò che ti sembra certo. No, no, il tollerante non abdica al suo sogno per il quale lotta in maniera intransigente, ma rispetta chi ha un sogno diverso dal suo. Per me, al livello politico, la tolleranza è la saggezza o la virtù di convi-*

vere con il diverso per poter combattere l'antagonistico. In questo senso, essa è una virtù rivoluzionaria»[146].

3.2.2. Pedagogia degli oppressi

La pedagogia degli oppressi è un'opera complessa, densa di elaborazioni concettuali, da cui emerge un quadro teoretico che continuerà a essere ampliato e rivisto dal suo autore per il resto della vita. In effetti, la produzione pedagogica di Freire è essenzialmente un'opera aperta, da cui trarre idee ed elaborazioni per continuare su nuovi percorsi e verso nuovi obiettivi e necessità. Il concetto che più di ogni altro assume una connotazione politico-filosofica è la *coscientizzazione*[147], obiettivo finale del metodo, la cui specificità rispetto alla *presa di coscienza* è data dal coinvolgimento del soggetto nell'azione trasformatrice: in un dibattito con Piaget, a Ginevra[148], Freire spiega che la presa di coscienza è un atto intellettuale, volto cioè a capire quali sono le caratteristiche di una determinata situazione, i modi di esplicazione e le possibili conseguenze, ma lasciando il soggetto "distaccato" dall'oggetto, come una conoscenza teorica che non ha sbocchi concreti. La coscientizzazione indica piuttosto un'immersione totale del soggetto, un coinvolgimento profondo, impregnato di affettività; il momento cognitivo e il momento affettivo non sono separati nell'atto della conoscenza, che per Freire scaturisce dalla curiosità, un sentimento grazie al quale il soggetto è stimolato a porre domande e costruire la conoscenza. La razionalità, nella coscientizzazione, è impregnata di emozioni, per questo il risultato

---

[146] Cfr. P. Freire, A. Faundez, *op. cit.*, pp. 8-15 (pdf).

[147] *Conscientização* in originale, è una parola che viene tradotta in modi diversi a seconda della lingua: per esempio, in inglese il concetto viene reso con l'espressione *critical consciousness*, ovvero "coscienza critica"; in italiano si preferisce utilizzare una traduzione letterale per distinguerlo da "presa di coscienza". Per una accurata disamina del concetto, cfr. S.M. Manfredi, P. Reggio, *Educazione e coscienza critica. Note sul concetto di "coscientizzazione" di Paulo Freire*, documento dell'Istituto Paulo Freire consultabile all'indirizzo: https://paulofreire.it/documenti.

[148] Cfr. M. Gadotti, *Il messaggio di Paulo Freire. Dieci punti per una riflessione*, intervento per il 3° Forum Internazionale Paulo Freire *Re-inventando un messaggio*, CNCA – Centro Sociale Ambrosiano, Milano, 25 maggio 2002.

dell'educazione così concepita è umanizzante, nel senso di "farsi umano" del soggetto, perché al processo conoscitivo aggiunge l'amplificazione della coscienza attraverso la dimensione affettiva.

A questo concetto si collega direttamente la *natura dialogica dell'educazione*, tipica della teoria della conoscenza freiriana: il *dialogo* coincide con l'educazione perché ogni conoscenza è frutto dell'incontro tra persone, che insieme costruiscono e trasformano la realtà. L'essere umano, in quanto essere fondamentalmente comunicativo, ha nel dialogo una caratteristica naturale; la sua necessità primaria è di conoscere meglio ciò che già conosce, per poi passare a ciò che non conosce. Il dialogo non può essere, dunque, solo una "tattica" per conquistare gli allievi, o una tecnica per ottenere risultati migliori nel processo educativo, perché in tal caso di tratterebbe di manipolazione. L'educazione dialogica si basa pertanto su alcuni punti essenziali. La precondizione della conoscenza è l'interesse senza limiti per la lettura del mondo, la *curiosità*, che è un atto spontaneo dell'essere umano; il semplice atto di porre domande è l'esplicazione di questo interesse e deve essere inteso come il motore principale del processo educativo. Imparare a domandare e ad accogliere le risposte senza considerarle definitive, bensì come prodromo a ulteriori domande, è l'obiettivo da raggiungere attraverso il *confronto*, ossia la verifica delle proprie letture del mondo attraverso lo scambio di idee con gli altri e le loro letture. Il dialogo si presenta in questo modo sia come strategia pedagogica che criterio di verità, improntato alla solidarietà, in cui gli altri sono sempre inclusi. Il sapere è condiviso non solo nei suoi risultati, ma anche nella sua produzione, passando dall'accumulazione di nozioni allo sviluppo della capacità di pensare, che attraverso il confronto diventa verifica e ricostruzione, trasformazione delle relazioni e perciò del mondo, in quanto rete di rapporti tra persone produttrici di cultura.

La critica radicale portata da Freire all'educazione tradizionalmente intesa, quella pedagogia normativa basata sulla mera trasmissione del sapere, non si limita pertanto alle questioni didattiche e metodologiche, ma si estende alla critica della società di cui tale pedagogia è espressione e mezzo di riproduzione. Freire, considerando la struttura economica capitalistica delle società occidentali, definisce questa prospettiva pedagogica come "educazione bancaria", in quanto segue figuratamente l'*iter* di una operazione di deposito su un conto in banca: l'allievo è il conto, di per sé vuoto, mentre l'insegnante è colui che effettua il deposito di informazioni, in "pacchetti" già pronti, durante l'anno scolastico; alla fine dell'anno, con le prove di esame si ritira l'estratto conto di quanto si è depositato. Questa immagine restituisce le caratteristiche di un'educazione strutturata in senso gerarchico e unidirezionale, priva di confronto e di dialogo, basata sull'efficientismo e la rapidità di risultato, che riflette e quindi riproduce i meccanismi della società, cui fornisce cittadini "adeguati". L'impostazione è, per Freire, chiaramente anti-democratica: come è possibile educare i cittadini del futuro alla partecipazione democratica, se già nella scuola non si adottano metodi democratici di insegnamento?

L'esperienza nella riforma agraria cilena lo aiuta a inquadrare socialmente questo problema, che si esprime nel rapporto interattivo che gli agronomi dovrebbero instaurare con i contadini e i lavoratori rurali, come espresso nel saggio *Estensione o comunicazione?* L'idea dell'*estensione* delle conoscenze scientifiche sviluppate nel contesto accademico alle popolazioni delle zone più arretrate, si basa su un *equivoco gnoseologico*: la convinzione di attuare il progresso economico, quindi di operare per il bene collettivo, si basa sulla speculare convinzione della superiorità di una cultura sulle altre; la cultura moderna, scientifica e accademica, viene ritenuta l'unica realmente valida e produttiva, mentre la cultura popolare è considerata arcaica, improduttiva e inutile. L'estensione del sapere tecnico-scientifico degli agronomi si prospetta, in sostanza, come una *invasione culturale*, che relega il sapere dei contadini alla subalternità delle culture superstiziose. Tale equivoco viene proposto da Freire come esempio della differenza tra un'educazione a senso unico, gerarchica e invasiva, e un'educazione basata sulla comunicazione e il reciproco scambio di informazioni. Nella prima, il soggetto conoscente diviene *oggetto* dell'azione educativa: la trasformazione che avviene attraverso l'acquisizione di conoscenze si limita all'accumulo di nozioni, lasciando immutata la sua posizione di «conto bancario» che riceve pacchetti di informazioni. Manca l'interazione paritaria con l'agronomo, manca cioè il confronto tra le rispettive visioni del mondo rurale, e lo scambio di nozioni (nella forma di usi, costumi e tradizioni tramandate da generazioni di lavoratori a contatto diretto con la natura e la terra) che potrebbero trasformare a loro volta gli agronomi, nel loro ruolo di educatori. In questo senso, l'educazione e i relativi cambiamenti avvengono *sui* contadini, ma non *con* i contadini, dall'alto verso il basso, riecheggiando quanto sostenuto da Freire dieci anni prima nella sua dissertazione dottorale. Ciò implica la riduzione del processo educativo a formazione tecnica, funzionale alla produzione e al lavoro, priva perciò di crescita umanizzante della coscienza critica[149].

In generale, scardinare la gerarchia, ancorché *inconsapevolmente* accettata, tra l'insegnante detentore della verità ed estensore del sapere, e l'allievo ricettore di una conoscenza pre-programmata, vuol dire mettere in crisi il fondamentale *autoritarismo* dell'educazione tradizionale. In luogo dell'estensione della conoscenza per principio d'autorità, è necessario promuovere la curiosità degli studenti, che costituisce, come si è detto, la forma primaria di democrazia, la partecipazione attraverso l'atto del domandare. Il sapere autoritario è per Freire una *pedagogia della risposta*, da intendersi come un'esposizione unilaterale di concetti già delineati; un insegnamento democratico consiste nell'*insegnare a domandare*, ossia apprendere come porre domande di per sé impegnative, poiché la curiosità si svincola dall'ordine imposto. Si può allora concepire la domanda in relazione *dinamica* con la risposta, ampliandola alle conseguenze della relazione stessa, poiché la conoscenza ha tanto più valore quanto più si rapporta alla realtà in una concatenazione di domande dirette, domande di mediazione e domande sulle risposte. Senza la stimolazione curiosità si rischia la *burocratizzazione* delle domande, il loro ordinamento assieme alle risposte in una forma statica e riproducibile sempre nelle stesse modalità. Nell'ottica di Freire, questo equivale a burocratizzare il divenire dell'esistenza umana; la persona burocratizzata finisce con l'essere incapace di provare curiosità, rimanendo perciò prona all'accettazione dello *status quo* e del proprio ruolo in esso. La tensione a burocratizzare è concreta già nei testi di studio regolarmente utilizzati, in cui a ogni domanda è correlata una risposta pronta: lo studente riceve così informazioni su cui non è stimolato a interrogarsi, dato che deve conoscerle *prima* di sentirsi porre le do-

---

[149] Mi permetto di rimandare al mio saggio *Estensione o comunicazione? Analisi di un contributo di Paulo Freire al processo teorico pratico dell'educazione comunicativa*, cit.

mande; la concatenazione è fissata e il momento creativo è perso. Questa *routine* dell'educazione, che Freire definirà successivamente come castrazione della curiosità[150], è simile a quella del lavoro in fabbrica, dove l'operaio perde la sua creatività nell'inserimento in un processo di lavoro che, sebbene di per sé creativo, è predeterminato da una razionalità che non ha nulla di educativo, né di stimolante; dunque, l'educazione burocratizzante rispecchia culturalmente il modo di produzione capitalista.

---

150 P. Freire, A. Faundez, *op. cit.*, p. 24 (pdf).

Capitolo quarto
La lotta per l'autonomia

4.1. Confronti e dialoghi internazionali

L'accoglienza de *La pedagogia degli oppressi*, in Cile, non è delle migliori. Il governo lo ritiene addirittura un "libro violentissimo" contro il partito al potere, e la posizione di Freire si incrina. Ma l'interesse suscitato all'estero dalle sue idee gli prospetta nuove occasioni: inizia così il periodo prettamente internazionale della sua produzione, tra gli anni Settanta e gli anni Ottanta, in cui le esperienze nelle ex-colonie portoghesi in Africa e la conoscenza di altre culture e situazioni sociali mettono alla prova le sue convinzioni.

> «*Quando ero ancora in Cile ricevetti l'invito dell'Università di Harvard e tre o quattro giorni dopo l'invito del Consiglio Mondiale delle Chiese (Harvard mi invitava per due o tre anni, a partire dal 1969, e il Consiglio Mondiale delle Chiese pure, con una differenza solo di qualche mese per cominciare), proposi a Harvard di restare lì fino all'inizio del febbraio del 1970 e al Consiglio Mondiale delle Chiese di cominciare il mio contratto alla metà di febbraio dello stesso anno. Consideravo altamente importante per me, intellettuale brasiliano in esilio, un passaggio seppur rapido per il centro del potere capitalista. Avevo bisogno di vedere da vicino, come dissi a compagni brasiliani e cileni dai quali mi separavo allora a Santiago, la "bestia" nella sua tana. Ma, d'altro canto, ero già all'epoca assolutamente convinto di quanto utile e fondamentale mi sarebbe stato correre per il mondo, espormi a contesti diversi, apprendere dalle esperienze di altri, rivedermi nelle differenze culturali. E questo il Consiglio me lo offriva indiscutibilmente più di qualsiasi università. [...] È stato passeggiando in questo contesto enorme offertomi dal Consiglio mondiale che mi sono trasformato in un viandante dell'ovvio. E ho vagabondato per il mondo, ho viaggiato per l'Africa, ho viaggiato per l'Asia, per la Nuova Zelanda, per le isole del Paci-*

fico del Sud; ho viaggiato per tutta l'America Latina, i Caraibi, l'America del Nord, l'Europa, ed è stato camminando per questi pezzi di mondo come esiliato, che ho potuto comprendere meglio il mio proprio paese. È stato vedendolo da lontano, è stato prendendo distanza da esso, che ho capito meglio me stesso. È stato confrontandomi con il diverso da me che ho scoperto più facilmente la mia propria identità»[151].

Lo stile del linguaggio cambia: alla forma sistematica dei primi lavori si sostituisce una espressività più agile e libera, con la scelta dell'epistolario e del dialogo registrato e trascritto, accentuando sempre più un rifiuto del linguaggio accademico che, con la sua erudizione e pedanteria, rischia secondo Freire di facilitare rigidità di pensiero e schematismi ideologici. Questa tendenza è riscontrabile già nelle sue opere più scientifiche, in cui si può notare l'uso di un linguaggio più discorsivo e "familiare", probabilmente ereditato dal contesto di formazione, la cultura nordestina in cui l'affettività è parte integrante delle più varie forme d'espressione. Ma vi è anche una ragione dovuta alla concretezza del linguaggio come strumento di produzione e comprensione politica; secondo Freire persiste un'astrattezza concettuale nella formazione accademica, una sorta di preferenza per la descrizione o il delineamento dei concetti, che non per la comprensione di ciò che è *concreto*:

«*Così si crea una differenza enorme tra noi e le classi popolari che, in modo generale, descrivono il concreto. Se domandiamo a un abitante delle* favelas *cosa sia una* favela, *è quasi certo che risponda: "nella* favela *non abbiamo acqua". La sua descrizione è del concreto, non del concetto. Forse uno di noi direbbe: "la* favela *è una situazione socio-patologica...". Anche per questo, come ho sostenuto in altre occasioni, il linguaggio delle classi popolari è tanto concreto quanto lo è la loro stessa vita. [...] Nel momento del processo in cui il concetto deve mediare la comprensione della realtà, ci distanziamo talmente dal concreto, che il concetto si svuota. È come se, a quel punto,* favela *fosse solo un concetto e già non più la drammatica situazione concreta che non riusciamo a raggiungere. Viviamo allora la rottura tra la realtà e il concetto che doveva mediarne la com-*

[151] P. Freire, A. Faundez, *op. cit.*, p. 11 (pdf).

prensione. Così, anziché intendere la mediazione del concetto nella comprensione del concreto, restiamo al concetto, perduti nella sua pura descrizione. Ancora peggio, finiamo con l'immobilizzare il concetto, rendendolo statico»[152].

4.1.1. *Pedagogia in cammino*

Sul fronte epistolare, l'opera più notevole è senza dubbio *Lettere alla Guinea-Bissau*[153]. Gli anni Settanta vedono Freire collaborare con il Dipartimento per l'Educazione del Consiglio Mondiale delle Chiese, che lo invita a prendere parte ai progetti educativi da sviluppare nei paesi dell'Africa appena affrancatisi dal colonialismo portoghese. A Ginevra fonda l'Istituto di Azione Culturale (IDAC), con finalità di consulenza internazionale, che riceve l'invito ufficiale del governo della Guinea-Bissau a preparare un progetto per l'alfabetizzazione degli adulti; la necessità di ricostruire il paese dopo il ritiro dei colonizzatori implica uno sforzo in tutti i campi, di cui quello educativo è uno dei più problematici. Freire mette subito in chiaro che il progetto deve nascere sul territorio e costruirsi assieme agli educatori del paese, come riporta nella relazione introduttiva:

> «*La nostra scelta politica e la nostra pratica con essa coerente ci proibiva di pensare, in ogni caso, che avremmo potuto elaborare a Ginevra un progetto di alfabetizzazione degli adulti, elegantemente redatto con i suoi 1.1, 1.2, 2.1, 2.2, da portare in Guinea-Bissau come un generoso regalo. Questo progetto, al contrario – come le basi stesse della nostra collaborazione – doveva nascere là, pensato dagli educatori nazionali in funzione della pratica sociale che si attua nel paese. La nostra collaborazione al disegno del progetto e alla messa in pratica dello stesso, dipendeva dalla nostra capacità di conoscere meglio la realtà nazionale, approfondendo quanto già sapevamo a*

---

[152] P. Freire, A. Faundez, *op. cit.*, pp. 33-34 (pdf). In effetti, per Freire la vera scienza è quella che, partendo dal concreto e mediata dal concetto, *ritorna* al concreto, in un ciclo permanente.

[153] P. Freire, *Cartas à Guiné-Bissau. Registros de uma experiência em processo*, Paz e Terra, Rio de Janeiro, 1977 (trad. it. L. Bimbi, *Pedagogia in cammino: lettere alla Guinea-Bissau*, Mondadori, Milano 1979).

proposito della lotta di liberazione, delle esperienze realizzate dal PAIGC nelle antiche zone liberate, attraverso la lettura di tutto il materiale che potessimo raccogliere, privilegiando l'opera di Amílcar Cabral»[154].

L'esperienza è registrata in diciassette lettere, contestualizzate dalla relazione introduttiva con un *post scriptum*, indirizzate a Mário Cabral, ministro dell'educazione, e all'*équipe* della Commissione per l'Alfabetizzazione. L'uso di elementi d'analisi ricavati dalla teoria marxista è evidente in più di un caso, in quanto il contesto guineense richiede una sinergia tra il lavoro e lo studio per fondare le attività educative sulle necessità della produzione; ad esempio, adottando un'intera area di produzione agricola come un *circolo di cultura* in se stessa, così che l'esperienza esistenziale della popolazione si costituisca come la matrice di tutta l'attività alfabetizzante e educativa, tanto per gli adulti quanto per bambini e adolescenti, in cui l'attività produttiva sia la dimensione centrale[155].

«*Nella prospettiva di liberazione, che è propria della Guinea-Bissau ed è anche la nostra, l'alfabetizzazione degli adulti è, al contrario, la continuità dello sforzo formidabile che il tuo popolo ha iniziato a fare [...]. Così che, in tale prospettiva, l'alfabetizzazione non possa uscire dal seno del popolo, dalla sua attività produttiva, dalla sua cultura, per sclerotizzarsi nella freddezza senz'anima di scuole burocratizzate*»[156].

I processi descritti nel testo registrano anche alcune difficoltà, che tuttavia diverranno chiare solo in seguito. Uno dei problemi più difficili da affrontare riguarda la lingua da utilizzare per l'alfabetizzazione, cui si somma la necessità di scardinare un sistema educativo elitario rimasto dal periodo coloniale. Freire annota che nella Gui-

---

[154] Id., *op. cit.*, p. 17 (traduzione mia). Amílcar Cabral è stato il *leader* dell'indipendentismo guineense; cfr. *Obras Escolhidas de Amílcar Cabral*, Seara Nova, Lisboa 1976.

[155] Come analizzato da Beisiegel in *Paulo Freire*, cit., p. 107, due lettere, la terza e la quinta indirizzate all'équipe, rispettivamente del gennaio e dell'aprile del 1976, contengono elementi di particolare interesse per la congiunzione dell'azione educativa con le questioni politiche del paese.

[156] Lettera a Mário Cabral del 26/01/1975, in P. Freire, *Cartas à Guiné-Bissau*, cit.

nea-Bissau esiste una frattura tra città e campagna: nelle città, centro del potere coloniale, si parla correntemente il portoghese, che in quanto lingua dominante porta con sé anche la cultura ancora dominante, legata alla vecchia società sottomessa; nelle campagne, lo stesso portoghese è visto come la lingua dei dominatori stranieri, rifiutata in favore del creolo, la lingua autoctona di tradizione eminentemente orale, considerata espressione della cultura "inferiore" dei colonizzati. L'obiettivo di costruire un paese libero da tentazioni neo-coloniali, perciò culturalmente autonomo nella costruzione di una sua identità nazionale, si scontra con il problema dell'inesistenza di una lingua scritta che non sia il portoghese: il processo di alfabetizzazione in creolo presuppone infatti la creazione ex-novo di una grammatica e la fissazione di termini ed espressioni con cui creare esercizi e materiali didattici. Nel momento in cui il governo decide che l'alfabetizzazione debba avvenire comunque in lingua portoghese, per rapidità di esecuzione dei progetti, si presenta un nuovo problema che colpisce direttamente il Metodo Freire: la ricerca delle parole generatrici in seno alle comunità rurali è inefficace, in quanto ben poche parole di uso quotidiano, legate alla realtà concreta delle persone, sono portoghesi, bensì in larga misura creole. Di conseguenza, la parte più direttamente collegata all'alfabetizzazione deve seguire forme più trasmissive e ripetitive, perdendo almeno in parte il valore di coscientizzazione che sarebbe servito al progetto più ampio di ricostruzione del paese[157].

Questa esperienza nella Guinea-Bissau pone dei limiti riguardo all'efficacia del Metodo, su cui Freire non manca di tornare a riflettere in seguito, difendendo però il cuore delle sue scelte:

«*Qualcuno ha detto che nel caso della Guinea-Bissau io avrei fatto un puro trapianto dell'esperienza brasiliana, ma nella realtà non è avvenuto questo: ciò che non si giustificherebbe è che, avendo insistito in Brasile su determinati punti, come la tesi per cui l'alfa-*

[157] Un importante contributo per lo studio delle attività di Freire nell'educazione popolare in Africa si trova in C.A. Torres, *Uma biografia intelectual*, in M. Gadotti (a cura di), *Paulo Freire. Uma biobibliografia*, cit., pp. 117 e ss. Mi permetto inoltre di rimandare al mio saggio *A proposito degli oppressi. Forme ed esperienze di interventi educativi nella prospettiva pedagogica freiriana*, cit..

betizzazione degli adulti è un atto politico di conoscenza e di creazione, [...] dicessi poi il contrario in un altro contesto. È chiaro che se in Brasile ho sostenuto e sostengo che la lettura delle parole è preceduta dalla lettura del mondo, non vedo ragioni di dire il contrario solo per il fatto di stare in Guinea-Bissau; se in Brasile ho detto che le parole generatrici con cui organizzare il programma di alfabetizzazione dovevano venire dal contesto degli allievi e non solo esprimere la scelta tecnica degli educatori, perché dovrei affermare cose diverse e contrarie in un altro contesto? O l'idea che ho espresso in Brasile e in Cile di far sì che gli allievi diventassero autori dei loro stessi testi: avrei dovuto disconoscere questa idea nel contesto guineense?»[158].

4.1.2. Pedagogia in dialogo

La riflessione sulla propria opera e il confronto costante con altri punti di vista è la cifra caratteristica della fase produttiva degli anni Ottanta, in cui il dialogo diventa condizione essenziale della produzione pedagogica di Freire: una lunga serie di dialoghi, registrati in varie sessioni e poi trascritti, su questioni di pedagogia e educazione affrontate con altri pedagogisti ed esponenti di materie umanistiche; principalmente, Sérgio Guimarães, professore universitario e maestro elementare, con il quale ha pubblicato vari volumi[159]; il pedagogista statunitense Ira Shor[160], il filosofo Adriano Nogueira[161] e altri[162].

---

[158] P. Freire, A. Faundez, *op. cit.*, p. 70 (pdf).

[159] Cfr. P. Freire, S. Guimarães, *Sobre educação (Diálogos)*, 3 voll., Paz e Terra, Rio de Janeiro 1982 (ripubblicati nel 2011 come tre volumi indipendenti: *Partir da infância. Diálogos sobre educação*; *Educar com a mídia. Novos diálogos sobre educação*; *Lições de casa. Ultimos diálogos sobre educação*); e P. Freire, S. Guimarães, *Aprendendo com a própria história*, 2 voll., Paz e Terra, Rio de Janeiro 1987 (ripubblicati nel 2011 come due volumi indipendenti: *Aprendendo com a própria história*; *Dialogando com a própria história*).

[160] Cfr. P. Freire, I. Shor, *Medo e ousadia: o cotidiano do professor*, Paz e Terra, Rio de Janeiro 1987. Uscito anche in edizione inglese con il titolo *A Pedagogy for Liberation. Dialogues on Transforming Education*, Bergin & Garvey Publishers Inc., Westport (CT) 1987.

[161] Cfr. P. Freire, A. Nogueira, *Que fazer: teoria e pratica em educação popular*, Vozes, Petròpolis 1989.

[162] Per gli altri testi in collaborazione, si rimanda alla bibliografia in calce al volume.

«Devo dire che questo tipo di esperienze mi ha arricchito, ma devo anche ripetere che coinvolgermi in esse non significa rinunciare a scrivere testi da solo. [...] Penso, però, che arrendersi ogni tanto al compito di lavorare e creare insieme, cercando di superare la tentazione di star sempre soli, di scrivere soli, è una testimonianza intellettuale che ha senso, che ha valore. Le esperienze di cui parliamo, su cui discutiamo criticamente e che si vanno fissando adesso nella registrazione del nostro dialogo emergono in un discorso vivo, libero, spontaneo e dinamico. È importante tuttavia sottolineare che la vivacità del discorso, la leggerezza dell'oralità, la spontaneità del dialogo, non sacrificano nulla della serietà dell'opera o della sua necessaria rigorosità. C'è chi pensa ingenuamente che il rigore dell'analisi esiste solo quando qualcuno si chiude tra quattro mura, dietro una porta molto sicura, chiusa con una grande chiave. Solo lì, nell'intimità silenziosa dei libri o dei laboratori, sarebbe possibile la serietà scientifica. No, io credo che qui, chiusi ma al tempo stesso aperti al mondo, compreso quello della natura che circonda il tuo studio, possiamo fare e stiamo facendo qualcosa di serio e rigoroso. Lo stile è differente, in quanto orale; è più leggero, più affettivo, più libero. Bene, questa è la prima opinione che darei ai probabili lettori sul perché di un libro parlato»[163].

Il dialogo *Por uma pedagogia da pergunta* ("per una pedagogia della domanda"), uscito nel 1984, ne è un perfetto esempio. Si tratta di un'opera ricca di spunti di riflessione, di memoria storica e di esperienze vissute; può essere letta come introduzione alle idee e al lavoro teorico-pratico di Freire nel campo della pedagogia critica e dell'educazione come atto politico[164]. I dati sulla composizione del libro sono pochi, quasi tutti ricavabili dal libro stesso: nasce dal dialogo condotto con il filosofo cileno Antonio Faundez[165], amico di

---

[163] P. Freire, A. Faundez, *op. cit.*, p. 7 (pdf).

[164] La maggior parte delle citazioni di Freire concernenti riflessioni e considerazioni sui temi esposti in questo lavoro sono appunto tratte da questo dialogo, che per sua parte necessita comunque di essere contestualizzato: in esso infatti gli interlocutori riversano una miriade di argomenti, riferendosi a circa vent'anni di esperienze tra l'America Latina, l'Europa e l'Africa, da posizioni personali caratterizzate per l'impegno politico, filosofico e pedagogico legato ad avvenimenti contingenti.

[165] Antonio Faundez (1938) è stato professore di filosofia all'Universidad de Concepción fino al *golpe* militare dell'11 settembre 1973. Il suo lavoro filosofico ha preso sin dall'inizio una traiettoria critica e pragmatica, attraverso la ricerca sull'incidenza e la materializ-

vecchia data, il quale si è dedicato per molti anni all'educazione degli adulti vivendo esperienze simili a quelle di Freire (compreso l'esilio dal Cile, caduto in mano alla *junta* militare nel 1973). La conversazione si svolge nella casa di Faundez a Ginevra, di fronte a un registratore che cattura la viva voce dei protagonisti. Essi non seguono uno schema prestabilito, lasciano che il dialogo fluisca liberamente, riprendendo i tanti momenti in comune delle loro vite e le innumerevoli riflessioni intorno a cui hanno scambiato da sempre i propri punti di vista.

Si evince, da alcuni passaggi, che la conversazione è andata avanti per varie giornate e il testo ne è la trascrizione fedele, una scelta precisa degli interlocutori per evitare di porre filtri alla spontaneità del confronto. Freire per primo definisce tale opera un esempio di *libro parlato*, diverso per forma e sviluppo da qualsiasi altro tipo di testo scritto a quattro mani, un tentativo di proporre ai possibili lettori una riflessione politico-pedagogica colta nel suo *farsi*, nei passaggi creativi delle idee prima che queste vengano fissate e canonizzate da un testo riveduto e corretto. L'assertività di un testo teorico di pedagogia sarebbe in contraddizione con i continui cambiamenti culturali e ambientali in cui il metodo educativo dovrebbe essere applicato, rendendolo un modello avulso dal contesto e perciò ideologico, utile al raggiungimento di scopi prefissati, più che alla formazione delle persone. Già dal titolo si comprende come una pedagogia della domanda non esista *di fatto*, non sia una disciplina, né un progetto definito: l'iniziale preposizione «*por*» indica un obiettivo verso cui *tendere*, al raggiungimento del quale il dialogo cerca di fornire qualche elemento teorico-pratico, scaturito da esperienze sul campo. Freire e Faundez hanno tracciato una serie di lineamenti di base, secondo i quali la pedagogia deve essere considerata ed elaborata a partire dal-

---

zazione dei sistemi di idee nelle azioni e nelle tendenze culturali e ideologiche delle classi cilene, nel solco del pensiero di Gramsci. In seguito al *golpe* va in esilio, dapprima in Francia, dove ottiene un dottorato in Sociologia della Letteratura e Semiotica delle Arti presso l'*École Pratique de Haute Études en Sciences Sociales* di Parigi. In seguito si trasferisce in Svizzera, dove si impegna come assessore nel programma di educazione degli adulti del Consiglio Mondiale delle Chiese, affiancando e poi sostituendo Paulo Freire, conosciuto in quel periodo. In queste vesti ha partecipato ai processi di educazione di qualità in Africa, America Latina e Asia, condividendo esperienze simili a quelle vissute da Freire nel suo lungo lavoro in Guinea-Bissau.

l'atto fondamentale della conoscenza: la domanda, appunto, quale espressione di curiosità e di ricerca di risposte.

Nella prospettiva freiriana, i libri realizzati attraverso le conversazioni sono l'espressione concreta, sul piano della produzione teorica, dell'attitudine alla comunicazione che permea il lavoro pedagogico quotidiano: dialogo tra educatori, dialogo tra docenti, dialogo tra insegnanti e allievi, in ogni suo aspetto; ma, come si è detto, tale dialogo non si ferma alla scelta metodologica, è un'esigenza connaturata all'essere umano, tanto negli aspetti materiali, quanto negli aspetti spirituali, come elemento comune alla prassi e all'*utopia*. È infatti doveroso sottolineare la stretta correlazione dialettica tra conoscenza e azione, nell'educazione intesa come *liberazione*: nel corso degli anni Ottanta, rientrato dall'esilio grazie all'amnistia, Freire tenta di reinserirsi nella realtà brasiliana; lo fa attraverso queste opere dialogiche, queste conversazioni grazie alle quali torna in contatto con le relazioni sociali e i rapporti di forza, le questioni scolastiche e l'ambiente in cui gli allievi brasiliani si muovono e si raffrontano. Le analisi sviluppate qualche decennio prima sono perciò rimesse in discussione e regolate sulla necessità di intendere lo scollamento tra la prassi quotidiana, il linguaggio reale e le conoscenze impartite senza coscienza, o addirittura *contro* le possibilità di formazione della coscienza negli allievi. La dimensione dialogica assume perciò un valore critico, di investigazione della realtà materiale e ideologica che condiziona la vita sociale, dando spazio a un processo collettivo di azione e riflessione, di scoperta dei motivi di alienazione, dell'*impronta di classe* delle determinazioni sociali. L'educazione dialogica è liberatrice sia dal punto di vista politico che dal punto di vista spirituale, perché si basa sulla speranza e sull'amore per gli altri, sull'accettazione delle differenze e sulla compassione. Perciò la vicinanza all'ambiente reale degli allievi, la conoscenza del loro linguaggio e delle esperienze che formano la loro coscienza, è parte di un circolo virtuoso di lavoro pratico ed elaborazione teorica, interazione e integrazione, revisione e attuazione.

In *Por uma pedagogia da pergunta*, questi temi sono trattati da vari punti di vista. Si parte dai ricordi personali, dalle esperienze di vita spesso difficili, parlando dell'identità perduta e ricostruita in esilio, dell'incontro e del confronto con realtà diverse, dei problemi di adattamento e comunicazione dovuti a usi e costumi differenti. Si parla poi dei problemi che riguardano l'alfabetizzazione e la costruzione di una scuola aperta e democratica (con i due grandi esempi vissuti della Guinea-Bissau e della rivoluzione sandinista in Nicaragua). Infine, tracciando analisi politiche di grande rilevanza, si delinea una concezione gnoseologica che include e sviluppa il momento dialogico in una visione di cambiamento generale della società, lasciando trasparire chiaramente la vicinanza di progetti politici rivoluzionari e utopismo religioso. La struttura dialogica del testo differisce da un classico libro-intervista, fuori cioè da un rigido schema di domande e risposte; altrettanto da un testo scritto a quattro mani, di per sé più organizzato e ordinato. Il dialogo si snoda attraverso ragionamenti, ricordi, citazioni e continue riprese di punti già toccati; la trascrizione non ha alcuna sistemazione interna, né divisioni anche solo indicative del contenuto, a dimostrazione della volontà di lasciare l'opera in una condizione non definitiva, non conclusiva, precaria e revisionabile, cui sia possibile ritornare in qualsiasi momento per trarne spunti di riflessione e superarne il contenuto.

Un altro esempio interessante di *libro parlato* è quello realizzato con Shor[166] nel 1987. Già nella prefazione viene spiegato che la proposta, partita dal pedagogista nordamericano, si è concretizzata in una discussione di otto giorni registrata e trascritta, ma questa volta con un processo di revisione ed espansione di alcuni punti, per rendere il lavoro più completo e ordinato. L'idea fondamentale è quella di mettere a confronto due esperienze distinte sulla pedagogia critica applicata in contesti differenti, per comprendere se sia possibile importare nel contesto statunitense il tesoro di esperienze e idee sorto nell'ambiente latinoamericano. Il titolo dell'edizione brasiliana, *Medo e ousadia: o cotidiano do professor*, è esemplificativo della linea di indagine: la *paura* e l'*audacia* che caratterizzano vita e lavoro quotidiani del professore, in particolare di coloro che sono impegnati nella realizzazione di una pedagogia liberatrice, critica. I capitoli sono

---

[166] Ira Shor (1945) è professore di retorica e processi di scrittura al College of Staten Island, City University of New York. È considerato uno dei principali rappresentanti della pedagogia critica, assieme a Freire. Cfr. I. Shor, *Critical Teaching and Everyday Life*, University of Chicago Press, Chicago 1980; e Id., *Empowering Education. Critical Teaching for Social Change*, University of Chicago Press, Chicago 1992. *A Pedagogy for Liberation* (versione originale di *Medo e ousadia*, uscita lo stesso anno della traduzione in portoghese) è inedito in italiano.

organizzati intorno a domande tematiche, mentre il dialogo scorre sulla linea generale di preoccupazione per le prospettive politico-pedagogiche del lavoro educativo: cosa è l'educazione liberatrice e come si diventa educatori in questo senso; qual è la relazione tra educazione e cambiamento; quali sono i timori e i rischi della trasformazione; se esistano struttura e rigore nelle classi dialogiche; cosa è il metodo dialogi di insegnamento e come si relaziona con l'*empowerment*; se esista una cultura del silenzio negli USA e se gli allievi nordamericani abbiano bisogno di una liberazione; come si superano le differenze di linguaggio tra professori e studenti; se il sogno della trasformazione sociale dia il diritto di mutare la coscienza degli allievi. Gli interlocutori si confrontano a partire da esperienze distinte, esaminando l'insegnamento dialogico, i limiti tra educazione e cambiamenti sociali, tracciando paralleli tra il Brasile e gli USA; come sono diventati educatori libertari e quali sono le differenze tra un'educazione improntata al *laissez-faire* e una veramente democratica. E soprattutto, in quali forme i docenti devono affrontare le paure e gli ostacoli che rendono difficile la pratica di un insegnamento umanizzante, inserito nel contesto sociale degli allievi. L'intento è perciò di dimostrare che è possibile attuare modelli pedagogici trasformativi, democratizzando gli spazi dell'insegnamento e mantenendo, al contempo, il rigore della discussione, della lettura e dello stimolo alla riflessione. Si tratta in effetti di uno sguardo nuovo su temi già affrontati[167], che porta Freire a ridiscutere e rispiegare le sue idee, rinnovandole tra il confronto con Shor e la situazione brasiliana contemporanea.

Sul piano personale, avvengono ulteriori cambiamenti. Due anni dopo essere rimasto vedovo della moglie Elza, Freire si risposa con Ana Maria Araújo, sua amica d'infanzia e allieva nel corso magistrale della Pontificia Università Cattolica di São Paulo; in seguito lei diverrà curatrice delle edizioni delle sue opere, raccolte nell'archivio dell'Istituto Paulo Freire, costituito nel 1991 per diffonderne ed elaborarne le idee attraverso attività e iniziative a livello mondiale.

---

[167] S. Haddad, *Ousadia do cotidiano*, in M. Gadotti, *Paulo Freire: uma biobibliografia*, cit., p. 280.

4.1.3. Rivalutazioni critiche

È questo spirito di costante rivalutazione che torna nell'opera *Pedagogia della speranza*[168], del 1992, che in qualche modo può essere visto come un dialogo con se stesso, dalla forte impronta autobiografica. In esso, Freire si concede di esprimere meglio ciò che ha già detto, a partire dalla considerazione che «nessuno può educarsi da solo: uomini e donne si educano insieme, attraverso la mediazione del mondo»[169]. E questa mediazione avviene attraverso il dialogo, di cui Freire riporta svariati esempi: tra i molti, un tentativo di problematizzare la situazione di un gruppo di contadini cileni, partendo dal fatto che, secondo loro, alcune persone *sanno* e altre *non sanno*, e questo pone una differenza di livello gerarchico tra gli interlocutori.

> *«Molto bene – dissi – io so, e voi non sapete. Ma perché io so e voi non sapete?*
>
> *Accettando i loro discorsi, preparai il terreno per il mio intervento. La vivacità brillava in tutti; all'improvviso la curiosità di accese. La risposta non tardò.*
>
> *- Lei sa perché è dottore. Noi no.*
>
> *- Esatto, sono dottore. Voi invece no. Ma perché io sono dottore e voi no?*
>
> *- Perché lei è andato a scuola, ha letto, ha studiato e noi no.*
>
> *- E perché sono andato a scuola?*
>
> *- Perché suo padre ha potuto mandarla a scuola, i nostri no.*
>
> *- E perché i vostri padri non hanno potuto mandarvi a scuola?*
>
> *- Perché erano contadini come noi.*
>
> *- E cosa significa essere contadini?*
>
> *- Significa non avere educazione, proprietà, lavorare senza diritti, né speranza in giorni migliori.*
>
> *- E come mai ai contadini manca tutto ciò?*
>
> *- Perché Dio vuole così.*
>
> *- E chi è Dio?*
>
> *- È il padre di tutti noi.*

---

168 P. Freire, *Pedagogia da esperança. Um reencontro com a pedagogia do oprimido*, Paz e Terra, Rio de Janeiro 1992, 17° edizione 2011 (trad. it., *Pedagogia della speranza. Un nuovo approccio alla pedagogia degli oppressi*, Edizioni Gruppo Abele, Torino 2007).

169 Titolo di un sottocapitolo de *La pedagogia degli oppressi*, cit., p. 95 dell'edizione originale.

- E chi di voi è padre, qui in questa riunione?

Quasi tutti alzarono la mano. Guardando il gruppo in silenzio, mi concentrai su uno di loro e gli chiesi:

- Quanti figli hai?

- Tre.

- Saresti capace di sacrificare due di loro, sottoponendoli a sofferenze perché il terzo possa studiare, e avere una buona vita, a Recife? Saresti capace di amare così?

- No!

- Se tu, uomo di carne e ossa, non sei capace di fare una ingiustizia come questa, come è possibile pensare che Dio la faccia? Sarà davvero che Dio fa queste cose?

Silenzio; un silenzio completamente differente da quello di prima, un silenzio in cui qualcosa cominciava a essere elaborata. E subito dopo:

- No. Non è Dio che fa tutto questo. È il padrone!

Probabilmente quei contadini stavano, per la prima volta, tentando lo sforzo di superare la relazione che ho chiamato, ne La pedagogia degli oppressi, *"aderenza" dell'oppresso all'oppressore, per prenderne distanza e collocarlo fuori di sé, come direbbe Fanon*[170]. *A partire da lì, sarebbe stato possibile comprendere anche il ruolo del padrone, inserito in un certo sistema socio-economico e politico, comprendendo i rapporti sociali di produzione, gli interessi di classe ecc. ecc.. La mancanza totale di senso sarebbe rimasta se, dopo il silenzio che interruppe bruscamente il nostro dialogo, io avessi fatto un discorso tradizionale, "sloganizzante", vuoto e intollerante»*[171].

La difficoltà che gli oppressi hanno nel collocare l'oppressore *al di fuori di se stessi* è un problema di comprensione del rapporto dialettico tra coscienza individuale e mondo reale: nel processo educativo, l'autoritarismo tende a far interiorizzare gli elementi ideologici a esso funzionali, attraverso la relazione gerarchica tra chi sa e chi

---

[170] Frantz Fanon (1925-1961), psichiatra, filosofo e teorico del terzomondismo, nella sua opera del 1952 *Pelle nera, maschere bianche* ha analizzato come le popolazioni nere interiorizzano le ideologie dei colonizzatori bianchi (da cui il concetto di *aderenza* citato da Freire) e in che modo queste idee introiettate portano gli assoggettati a connotare la propria negritudine con associazioni quasi del tutto negative. Cfr. F. Fanon, *Peau noire, masques blancs*, Éditions du Seuil, Paris 1952 (trad. it. *Il negro e l'altro*, Il Saggiatore, Milano 1965).

[171] P. Freire, *Pedagogia da esperança*, cit., pp.67-69. La traduzione, di questo come dei successivi brani tratti dall'opera in lingua originale (edizione 2011), è mia.

non sa. Ne consegue una lettura del mondo imposta dall'alto, che non rispetta e non stimola la capacità di rielaborazione da parte degli allievi; oppure, specularmente, un *silenzio* degli educatori di fronte alla cultura popolare, erroneamente inteso come "rispetto", ma che è in realtà una *rinuncia* al dialogo. Ecco perché il discorso educativo non può essere «tradizionale, sloganizzante, vuoto e intollerante», imponendo una interpretazione intellettualistica o non discutendo il merito delle idee espresse. Freire, ancora una volta, rifiuta tanto l'autoritarismo quanto lo spontaneismo, riconoscendo piuttosto all'educazione una natura politica e direttiva, ossia la necessità di far esprimere tanto agli educatori quanto agli allievi differenti letture del mondo, secondo i linguaggi specifici di ognuno, nel rispetto delle loro identità differenti che, essendo difese, trovano nello spazio dialogico la possibilità di crescere insieme[172].

Pedagogia della speranza è un'opera di riflessione e rivalutazione personale, in cui le idee sorte come «necessità di sopravvivenza»[173] durante il periodo più convulso della storia sudamericana (e del "terzo mondo" più in generale), vengono passate al vaglio della ragione ricostruendo la loro genesi, scavando nelle storie e nei fatti per mostrarne le condizioni di nascita, i collegamenti, i processi sociali e politici nei quali Freire si è trovato immerso. Il lavoro pedagogico e politico, pratico-teorico, per l'umanizzazione degli oppressi e il loro riscatto, nei vent'anni che separano queste riflessioni da *La pedagogia degli oppressi*, è sostanzialmente un lavoro di costruzione di relazioni dialogiche tra le persone, e di queste con la realtà circostante, in vista della sua trasformazione. Educazione come partecipazione alla costruzione della storia, insomma, in cui ognuno insegna e apprende con tutti gli altri, dato che «più importante del sapere è non perdere mai la capacità di apprendere»[174]; educazione come liberazione dall'oppressione, non nel senso di una pratica esercitata dagli educatori per liberare gli oppressi, in maniera paternali-

---

[172] Cfr. M.A. Zanetti, *Pedagogia da esperança: reflexões sobre o reencontro com a Pedagogia do oprimido*, in A.I. Souza (a cura di), *Paulo Freire: vida e obra*, Expressão Popular, São Paulo 2001, pp. 185 e ss.

[173] Cfr. A. Chizzotti, *Grandes temáticas da América Latina*, in M. Gadotti, *Paulo Freire. Uma Biobibliografia*, cit., p. 274.

[174] L. Boff, *Prefácio* a Freire P., *Pedagogia da esperança*, cit., p. 9.

stica, bensì della formazione della coscienza necessaria agli oppressi per liberarsi da soli, proiettando fuori di sé l'oppressione e rendendo meno difficile la convivenza, la solidarietà e la fratellanza. La ripresa di questo paradigma pedagogico in contesti diversi, con tutto il carico politico e culturale che comporta, ha provocato discussioni e richieste di chiarimenti e approfondimenti, cui Freire decide di rispondere, a differenza dell'opera principale in maniera non sistematica, attraverso una conversazione fluida e senza alcuna divisione in capitoli.

La scelta del titolo è di per sé programmatica: la speranza «nasce dal cuore stesso della pedagogia che abbia l'oppresso come soggetto, poiché essa implica una denuncia delle ingiustizie sociali e delle oppressioni che si perpetuano nel corso della storia. E allo stesso tempo annuncia la capacità umana di sfatare questa situazione perversa e costruire un futuro eticamente più giusto, politicamente più democratico, esteticamente più irradiante e spiritualmente più umanizzante»[175]. Speranza come *denuncia* e come *annuncio*, quindi come possibilità di azione: un punto di disaccordo tra Freire e i movimenti marxisti latinoamericani verte sull'idea di *inevitabilità* storica del socialismo come futuro dell'umanità, cercando semmai di mostrare come l'esistenza umana sia un processo di concretizzazione di idee attraverso la messa pratica di possibilità virtuali, di fronte a cui non può sussistere alcun determinismo. Anche questa accezione della speranza, dunque, è una accezione pratica e realista, una *speranza storica* nel miglioramento delle condizioni di vita attraverso il lavoro collettivo. Persino la *disperazione*, che negli anni della ri-democratizzazione del Brasile sembra essere la cifra comune all'opinione pubblica e il motore delle proteste contro la corruzione, gli sprechi e i disservizi (e perciò un motivo di critica preliminare a Freire, per la scelta di inserire il concetto di "speranza" in ambito scientifico), è una forma distorta della *speranza come necessità ontologica* dell'essere umano; tale necessità ha bisogno di ancorarsi alla pratica per divenire realtà, per questo non esiste speranza nella mera *attesa* di un cambiamento, di una lotta, che al contrario mutualmente esige e rinvigorisce la speranza stessa. L'educazione alla speranza è infatti la

---

[175] Ivi, p. 11.

preparazione all'azione trasformatrice, senza cui si ricade nella disperazione che è frutto dell'immobilismo.[176]

Nel corso del libro, Freire risponde anche ad alcune critiche mosse negli anni alla sua opera principale[177]. Riconosce la validità di alcune di esse, ma lamenta il fatto che vengano estese alla sua intera produzione, anziché concentrarsi un'opera o un argomento in particolare. Ancora peggiore è la constatazione che alcuni dei suoi critici lo abbiano attaccato senza aver letto il suo libro, magari seguendo la scia di critiche altrui. Invece la lettura di un'opera esige un atteggiamento critico, aperto, disciplinato e rigoroso, radicale certo, ma non settario, oltre a dover essere caratterizzata dalla passione per la conoscenza. In un altro testo coevo, *Politica e educação*, Freire esprime questa sua posizione in termini chiari e molto sentiti:

> «*Non ci è possibile esercitare il diritto di criticare, in termini costruttivi e pretendendo di farne una testimonianza educativa, senza incarnare una posizione rigorosamente etica. Perciò il diritto di criticare esige l'assunzione di certi doveri che, se non osservati, inficiano la validità e l'efficacia della critica. Doveri in relazione all'autore che critichiamo e doveri in relazione ai lettori del nostro testo critico. Doveri in relazione a noi stessi, in fondo. Il di questi è non mentire. Non mentire a proposito di chi è criticato, non mentire ai lettori e nemmeno a noi stessi. Possiamo equivocare, possiamo sbagliare. Mentire, mai. Un altro dovere è cercare di conoscere, con rigore, l'oggetto della nostra critica. Non è etico né rigoroso criticare ciò che non conosciamo. Non posso fondare la mia critica sul pensiero di A o B su quanto ho sentito dire da A e da B, neppure su quel che ho soltanto letto su A e B, ma su quanto io stesso ho ricercato a proposito del loro pensiero. È chiaro che per criticare in modo positivo o negativo questo pensiero, è importante anche sapere cosa dicono di loro altri autori; però questo non basta. L'esigenza di conoscere il pensiero da criticare non dipendente dal ben volere verso la persona che critichiamo. Come posso criticare un testo che non ho nemmeno letto, basandomi solo sulla rabbia che provo verso l'autore o l'autrice, o perché José e Maria mi hanno detto che l'autore del testo è uno spontaneista? Che abbiamo diritto a provare rab-*

[176] P. Freire, *Pedagogia da esperança*, cit., p. 15.

[177] M.A. Zanetti, cit., p. 196.

bia verso qualcuno non c'è dubbio, è anzi persino ovvio. Però il diritto che ho di sentire rabbia verso Maria o José non si può estendere fino a mentire su di loro. Non posso dire, per esempio, senza provarlo, che José e Maria hanno detto che si può fare una pratica educativa senza contenuti. In primo luogo, questa affermazione è una menzogna storica. Non c'è mai stata, né c'è adesso, una educazione priva di contenuti. Secondo, se dico questo di José e Maria, sottolineando il loro errore senza provare che loro abbiano davvero affermato ciò, mento in relazione a José e Maria, mento in relazione a me stesso e continuo lavorando contro la democrazia, che non si costruisce sulla falsificazione della verità»[178].

Un'altra critica che Freire prende in esame riguarda il linguaggio "sessista" utilizzato in *La pedagogia degli oppressi*. Le critiche gli sono state mosse da numerose lettrici nordamericane, a partire dal 1971 (poco dopo l'uscita della versione in inglese del libro), tramite lettere in cui lamentavano l'uso costante del solo maschile nel riferirsi alle persone in generale, usando ad esempio il termine «uomo» come sinonimo di «umanità», rivelando una fondamentale contraddizione nella trattazione di argomenti contrari alla discriminazione e all'esclusione, escludendo di fatto dal linguaggio utilizzato il termine «donna». Qui Freire riconosce quanto ideologico possa essere il linguaggio, tanto che già dalla metà degli anni Settanta si sforza per trovare soluzioni linguistiche adeguate, chiedendo anche al suo traduttore in lingua francese di revisionare in questo senso i suoi primi scritti[179]. Il brano di *Pedagogia della speranza* in cui ne parla la prima volta è emblematico:

«Mi ricordo come se fosse ora di stare leggendo le prime due o tre lettere ricevute, e di come, condizionato dall'ideologia autoritaria maschilista, reagii [...] nel leggere le prime critiche che mi arrivavano. Ancora mi dissi o ripetei l'insegnamento di quando ero bambino: "ora, quando dico uomo, la donna è necessariamente inclusa". A un certo punto dei miei tentativi, puramente ideologici, di giustifi-

[178] P. Freire, *Politica e educação. Ensaios*, Cortez, São Paulo 1993, p. 59. La traduzione è mia.

[179] P.V. Taylor, *Reescrevendo os textos em linguagem não sexista*, in M. Gadotti, *Paulo Freire: uma biobibliografia*, cit., p. 108.

care a me stesso il linguaggio maschilista che usavo, percepii la menzogna o l'occultamento che c'era nell'affermazione "quando dico uomo, la donna è inclusa". Perché gli uomini non si sentono inclusi quando diciamo "le donne sono decise a cambiare il mondo"? Nessun uomo si sentirebbe incluso in alcun discorso o testo di un autore che scrivesse "le donne sono decise a cambiare il mondo". Allo stesso modo di come si stupiscono (gli uomini) quando, di fronte a un auditorio quasi totalmente femminile, con due o tre uomini appena, dico "tutte voi dovreste" ecc. Per gli uomini presenti, o io non conosco la sintassi della lingua portoghese, o sto provando a "scherzare" con loro. Come spiegare, se non ideologicamente, la regola secondo cui se in una sala ci sono duecento donne e un solo uomo, devo dire "sono tutti impegnati e dedicati"? Questo non è, in verità, un problema grammaticale bensì ideologico»[180].

Oltre a questo latente "maschilismo", il linguaggio de *La pedagogia degli oppressi* è stato anche accusato di essere inintelligibile. Freire ricorda di un'occasione in particolare, partecipando a una riunione con un gruppo di studiosi statunitensi che però sembravano non comprenderlo, sottolineando poco dopo quanto sia importante leggere anche testi apparentemente difficili, poiché il tempo impiegato a capire è tempo impiegato a studiare:

«*In relazione a* La pedagogia degli oppressi *ci sono state critiche [...] a ciò che si considera inintelligibilità del testo. Critiche al linguaggio visto come quasi impossibile da intendere e, talmente ricercato ed elitario, che in esso non si poteva nascondere la mia "mancanza di rispetto per il popolo". Nel ricordarne alcune e rivederne altre, mi ricordo di un incontro che ebbi a Washington, nel 1972, con un gruppo di giovani interessati alla discussione di alcuni argomenti del libro. C'era tra di loro un uomo di colore, sulla cinquantina, impegnato nei problemi di organizzazione comunitaria. Durante i dibattiti, di tanto in tanto, dopo una visibile difficoltà di comprensione di qualcuno dei giovani, prendeva la parola e cercava di chiarire il punto, facendolo sempre molto bene. Alla fine della riunione mi si avvicino e, in maniera simpatica, mi disse: "Se qualcuno di questi giovani le dice di non riuscire a capirti a causa dell'inglese*

---

[180] P. Freire, *Pedagogia da esperança*, cit., p. 92.

che parli, non è vero. È una questione di linguaggio-pensiero. La loro difficoltà sta nel fatto che non pensano dialetticamente. E manca loro la convivenza con la durezza dell'esperienza dei settori discriminati della società". [...] Non vedo come sia legittimo che uno studente o un docente chiuda qualsiasi libro, non solo La pedagogia degli oppressi, *dicendo semplicemente che la sua lettura è impraticabile perché non ha capito chiaramente il significato di un periodo. E farlo, soprattutto, senza aver impiegato alcuno sforzo, senza essersi comportando con la serietà necessaria a chi studia. C'è molta gente per la quale fermare la lettura di un testo nel momento in cui ci sono difficoltà per la sua comprensione, nel senso di ricorrere a strumenti usuali di lavoro – dizionari, inclusi quelli di filosofia, di scienze sociali, etimologici, dei sinonimi, enciclopedie ecc. – è una perdita di tempo. No. Al contrario, il tempo dedicato alla consultazione di dizionari ed enciclopedie per la delucidazione di ciò che stiamo leggendo è tempo di studio, non perdita di tempo. A volte le persone proseguono nella lettura sperando magicamente, alla pagina successiva, di captare il significato della parola, nel caso apparisse di nuovo. Leggere un testo è qualcosa di più serio, più esigente. Leggere un testo non è "passeggiare" flemmaticamente sulle parole. È apprendere come avvengono le correlazioni tra di esse nella composizione del discorso. È compito di un soggetto critico, umile, determinato*»[181].

Una critica mossagli sin dai tempi del lavoro in Cile riguarda la sua idea di *sapere fatto d'esperienza*, ossia la conoscenza costruita a partire dalle esperienze quotidiane: una apparente fissazione su temi legati al senso comune, al "qui e ora" degli allievi, nella preparazione delle lezioni e dei materiali, sarebbe in qualche modo riduttiva dell'orizzonte in cui proiettare le discussioni. Freire ritiene invece che l'esperienza concreta, spesso legata al senso comune, va rispettata proprio in quanto costituisce il mezzo per superare la conoscenza limitata che ne deriverebbe. In altre parole, è necessario passare attraverso il sapere del senso comune per poterlo superare e arrivare a saperi più complessi.

«*In molti casi, il registro in base al quale componevo i materiali*

---

[181] Ivi, pp. 103-105.

erano affermazioni o dubbi, ora dei contadini che intervistavo o ascoltavo dibattere nei circoli di cultura, ora dei tecnici agricoli, agronomi o altri educatori con i quali mi incontravo assiduamente in seminari di formazione. Probabilmente è stata la convivenza sempre rispettosa che ho avuto con il "senso comune", sin dalle prime esperienze nel Nordest brasiliano, cui si aggiunge la certezza mai affievolita che il suo superamento passa per esso stesso, che non me lo ha mai fatto disprezzare o minimizzare. Se non è possibile accettare una pratica educativa che si accontenti di girare intorno al "senso comune", altrettanto non è possibile accettare la pratica educativa che, azzerando il "sapere fatto di esperienza", parta dalle conoscenze sistematiche dell'educatore e dell'educatrice»[182].

D'altro canto, Freire stesso si preoccupa della visione che lui chiama *focalista* di taluni educatori, ossia focalizzata appunto su aspetti specifici del contesto degli allievi, rischiando di perdere la connessione tra il particolare e la totalità, fra l'elemento singolo e il congiunto di elementi in cui è inserito[183]. Freire al contrario intende sempre in modo dialettico la relazione tra parziale e totale: nel 1979, ha dichiarato in una intervista che il suo essere di Recife spiegava il suo essere pernambucano; che questo chiariva il suo essere *nordestino* che, a sua volta, spiegava il suo esser brasiliano; questo delucidava il suo essere latinoamericano, che lo rendeva un uomo del mondo[184].

Non sono mancate critiche, da parte marxista, sulla vaghezza del concetto di «oppressi», così come su quello di «popolo», rispetto a quello di «classi sociali» (e dunque di *lotta di classe*). Freire ritiene d'altronde impossibile che ci si possa confondere su *chi siano* gli oppressi; che, leggendo *La pedagogia degli oppressi*, un impresario e un operaio rimanessero tanto smarriti da non sapere più chi fosse cosa, e se potessero davvero continuare a usufruire del plusvalore (il primo) o del diritto allo sciopero (il secondo). Sul popolo, Freire non si limita alle analisi economiche, ma considera storicamente le contrapposizioni tra progetti di realizzazione della società, da cui sorgono le

---

[182] Ivi, p. 81.

[183] Ivi, p. 99.

[184] Ivi, p. 121.

classi sociali. Il popolo si costituisce come soggetto storico, le cui diversità si riuniscono nell'identità di classe per condividere la stessa utopia, la creazione di una società più giusta, libera e rispettosa[185].

Tra le molte altre considerazioni critiche e autocritiche di Freire, è necessario riportarne ancora una, che tocca il cuore della sua prospettiva pedagogica, ovvero la questione della politicità dell'educazione[186]. Le forti prese di posizione di Freire gli sono valse, sin dal 1970, le accuse di essere lui stesso ciò che ha sempre denunciato: un *invasore culturale*, un elitario arrogante che non rispetta l'identità culturale delle classi popolari, pretendendo istruirle secondo i suoi scopi e interessi politici e sociali. Nel testo, Freire dedica diverse pagine a rispondere a questo tipo di critica accusatoria, senza peraltro riferirsi necessariamente agli autori delle stesse[187]. La coscientizzazione viene distorta ed erroneamente intesa come manipolazione politica, a favore di interessi socio-economici specifici (ossia, marxisti); specularmente, si ritiene – adottando una *visione ingenua* – che l'educazione e la pratica pedagogica siano neutre in se stesse e debbano continuare a restare tali, al servizio del benessere dell'umanità. Secondo Freire, il bello della pratica educativa è che non può essere vissuta senza correre rischi, come quello di non essere coerenti, o di dire una cosa per un'altra; è proprio la sua politicità a richiedere un alto livello etico dell'educatore, perché sarebbe molto facile ridurre tutto il processo alla trasmissione di contenuti "asettici", che per questo renderebbero asettico l'insegnamento stesso. Non si è mai data, però, un'educazione neutra basata sulla trasmissione di idee altrettanto neutre; ma fare questo, tentare di convincere che è così, è più un tenta-

---

[185] Ivi, p. 123-124.

[186] Ivi, pp. 107-113.

[187] Non c'è dubbio che si tratti di critiche e di accuse reiterate da molti soggetti nel corso degli anni, ripetute costantemente senza tener conto delle risposte fornite da Freire, qui come in altri luoghi della sua produzione. Un recente movimento conservatore brasiliano, *Escola Sem Partido* ("scuola senza partito"), sorto nel 2004, dal 2015 ha avviato numerose iniziative volte a "depoliticizzare" l'educazione, ritenuta terreno di manipolazione e proselitismo politici attuati da professori radicali (marxisti). Paulo Freire ne è uno dei principali bersagli ideologici, mentre nel concreto essi stimolano azioni di delazione tra gli studenti, attivamente invitati a registrare e divulgare lezioni in cui si discuta di politica, contravvenendo di fatto all'idea di educazione "neutrale" propagandata dal movimento. Non è irrilevante, infatti, sottolineare come questo stesso movimento abbia per primo una connotazione politica molto forte e specifica. Si veda anche *infra*, 4.2.2.

tivo di ammansire, di ammorbidire possibili ribellioni da parte di chi è soggetto all'ingiustizia; anche l'educazione neutra è in realtà politica, ma questa sua natura viene occultata, mentre l'educazione critica e progressista assume apertamente la sua politicità.

La spinta dell'insegnante a mantenere un comportamento etico deriva dalla consapevolezza che l'educazione è per sua natura *direttiva e politica*, perciò bisogna rispettare gli allievi nella loro autonomia, senza però nascondere loro le proprie idee, le proprie utopie, i propri sogni. Il dovere di difendere una tesi con serietà e passione e, allo stesso tempo, stimolare e rispettare il discorso contrario: questa è la miglior forma di insegnare a combattere per le proprie idee e a rispettare mutualmente gli altri punti di vista, non solo a conoscere la sintassi. Rispettare gli allievi non significa mentire loro sulle proprie posizioni, dicendo che lo spazio della scuola è "sacro" e, in esso, quel che si studia non ha nulla a che vedere con il mondo esterno; rispettarli, vuol dire mostrar loro le proprie scelte e, al contempo, mostrare loro anche altre possibilità di scelta.

L'alfabetizzazione degli adulti non può slegare l'apprendimento della lettura delle parole dalla lettura del mondo, perché quest'ultima è un atto *interno* alla prima: chi cerca i corsi di alfabetizzazione, chi vuole imparare a leggere e a scrivere, sta cercando un modo di relazionarsi con l'ambiente che lo circonda, di comprendere e interrogare la trama di relazioni in cui è immerso; un insegnamento alla lettura e alla scrittura che non insegni anche a farlo criticamente, è un insegnamento monco, dal punto di vista filosofico, pratico e sociale. Alla domanda se non si corra il rischi di influenzare gli allievi, Freire risponde che non si può vivere senza correre rischi, dato che il nostro stesso stare al mondo, la nostra stessa capacità di agire nell'esistenza, ci espone ai rischi. Semmai bisogna prepararsi ad affrontarli: che si tratti di una pratica educativa autoritaria o democratica, essa è sempre direttiva; il problema sorge nel momento in cui la direttività dell'insegnante interferisce nella capacità creativa e indagatrice dell'allievo, perché se è restrittiva si trasforma in manipolazione autoritaria. Bisogna assumere la politicità e viverla con coerenza, tra idea democratica e pratica altrettanto democratica.

Un critico in particolare, citato parola per parola da Freire, dice che la teoria dell'apprendimento da lui prospettata è «subordinata a propositi sociali e politici, e una tale teoria si espone a rischi di manipolazione». Il pedagogista risponde che in nessuno *spazio-tempo* le teorie dell'apprendimento sono freddamente distanti da propositi socio-politici e dai rischi a questi connessi. Proprio per questo è necessaria la vigilanza degli educatori progressisti su se stessi, pronti a rendersi conto delle trappole di ciò che lui definisce *curricolo occulto*, ossia dell'influenza delle ideologie dominanti nelle scelte e nei comportamenti che influiscono e determinano la pratica educativa; allo stesso modo sono necessarie la tolleranza, la trasparenza, la critica, la curiosità e l'umiltà, per assumere un ruolo di insegnante autentico nella pratica. Freire definisce la sua prospettiva «progressista e *postmoderna*»: nell'educazione *moderna*, improntata alla neutralità scientifica, si fa una semplice trasmissione della descrizione dell'oggetto e del concetto, da memorizzare meccanicamente; nella linea progressista e postmoderna gli allievi penetrano nel contenuto del discorso e si appropriano del significato. L'atto dell'insegnare si realizza nell'atto dell'apprendere, si impara a insegnare e si insegna a imparare: quale che sia la materia di studio, per esempio la biologia, è attraverso di essa che il docente insegna agli allievi come apprendere. In sostanza, insegnare attraverso l'appropriazione dei contenuti, la comprensione della loro ragion d'essere: ciò richiede un atto creativo e critico congiunto di professori e allievi.

4.2. Scuola democratica in Brasile

L'ultimo periodo della produzione teorica di Freire è caratterizzato dal ritorno alle questioni della scuola pubblica popolare, che in effetti furono il suo primo interesse pedagogico, sin dal periodo dell'insegnamento al SESI. Nel 1955, per esempio, scrisse una "guida per la discussione nei Circoli di genitori e insegnanti"[188], incentrata sulla partecipazione dei genitori nella scuola, in cui stilò un elenco di domande intorno a cui dibattere, che prendevano in considerazione situazioni particolari della realtà in cui padri, madri e professori erano inseriti (convinzioni preconcette, figure popolari delineate in canzoni

[188] Si tratta secondo Gadotti del documento più antico di cui si abbia notizia nell'Istituto Paulo Freire. Cfr. M. Gadotti (a cura di), *Paulo Freire. Uma biobibliografia*, cit., p. 76.

e filastrocche, notizie sulla psicologia dei bambini, metodi educativi "casalinghi", elementi contraddittori nella condotta quotidiana, e via dicendo). All'inizio degli anni Novanta Freire, concluso da poco l'incarico di assessore all'Educazione del Comune di São Paulo[189], si dedica intensamente alla produzione di testi teorico-critici su numerosi temi educativi emergenti in ambito scolastico. Sono saggi non sistematici, composti da più testi connessi tra loro per i temi che affrontano; senza per questo mancare di rigore, ma tentando di favorire la riflessione dei lettori come fossero momenti di conversazione sull'attualità.

Un esempio è *A educação na cidade*[190], raccolta di interviste sul lavoro svolto come assessore dal 1989 al 1991, il cui intento è di presentare il resoconto di ciò che è stato fatto. Le interviste sono state rilasciate a riviste specialistiche di educazione e di psicologia, a organi stampa di movimenti sindacali, a intervistatori e educatori americani ed europei. In esse, il pedagogista espone le sue idee su come impostare una scuola pubblica, democratica e popolare: deve essere, innanzitutto, *seria e allegra*, non perdere cioè l'umore e la leggerezza nella pratica quotidiana in nome della competenza (il nesso esclusivo tra serietà e scientificità è oggetto di critica da parte di Freire, in quanto vi trova soprattutto un inaridimento del processo di produzione pratico-teorica); deve inoltre invitare al suo interno la comunità, per discutere delle decisioni amministrative e pedagogiche, diventando un centro di creatività per affrontare problemi che riguardano non solo gli allievi, ma tutti i loro prossimi (amici, familiari, docenti, colleghi di lavoro). È necessario che però venga riconosciuto il suo ruolo in seno alla vita quotidiana della comunità: il problema del vandalismo e dei furti, endemico nelle zone periferiche dove la scuola popolare svolge il suo compito, secondo Freire è la conseguenza della violenza quotidiana in cui vive la popolazione povera; solo riconoscendo la scuola come proprietà collettiva e diritto fondamentale di tutti, essa potrà essere protetta dalla depredazione.

---

189 A. Tagliavia, *L'eredità di Paulo Freire. Vita, pensiero, attualità pedagogica dell'educatore del mondo*, EMI 2011, pp. 46-48. Si ricordi anche la fondazione del MOVA, *supra*, 2.2.3.

190 Cfr. P. Freire, *A educação na cidade*, Cortez, São Paulo 1991.

Freire si ritira dall'incarico nella Segreteria di Educazione dopo soli due anni e mezzo, sui quattro previsti[191]; non spiega nel dettaglio le sue motivazioni, sebbene sia intuibile una certa dose di pressione. In ogni caso, il ritorno alla produzione intellettuale, in cui riversare oltre dieci anni di nuove esperienze, lo porta a interessarsi di aspetti più particolari del lavoro di docente e a nuovi ambiti di lotta sociopolitica. Risulta perciò interessante approfondirne tre in particolare, ossia *Professora, sim; tia, não*, in cui esamina il ruolo dei docenti nella scuola democratica e i possibili equivoci ideologici che rischiano di svalutarne l'impegno; *Pedagogia dell'autonomia*, in cui riprende e sistema in forma manualistica, ma dal forte carattere didattico, le sue idee a uso della pratica educativa quotidiana; e *Pedagogia da Indignação*, una raccolta postuma degli ultimi articoli, rimasti incompiuti.

4.2.1. Docenza e scuola democratica

Nelle scuole materne ed elementari del Brasile, a partire dalla metà degli anni Ottanta, ha preso piede la consuetudine di chiamare le maestre con l'appellativo familiare di "zia". Questo per varie cause, la principale delle quali è stata, con tutta probabilità, la non facile transizione dalla dittatura militare al regime democratico.[192] Nei venti anni di dittatura, dal *golpe* del 1964 alle elezioni del 1985, l'educazione brasiliana ha risentito della militarizzazione a tutti i livelli della società, nei comportamenti pubblici, nelle relazioni amministrative e quindi, inevitabilmente, nella configurazione dei rapporti scolastici; la formalità, il rispetto della gerarchia, l'irreggimentazione giovanile, assieme a un generale conformismo, hanno mantenuto questi rapporti "al sicuro" dalle contestazioni studentesche tipiche del periodo, in atto al di fuori della comunità nazionale. Era, forse, scontato che la riapertura democratica portasse al rifiuto delle formalità relazionali

---

[191] Cfr. T. de S. Albuquerque, *Gestão Paulo Freire: a ousadia de democratizar a "educação na cidade" de São Paulo (1989-1991)*, in A.I. Souza (a cura di), *Paulo Freire: vida e obra*, Expressão Popular, São Paulo 2001, pp. 145-184.

[192] Cfr. M.J. de Rezende, *A Ditadura Militar no Brasil - Repressão e Legitimidade 1964-1984*, cit.

del periodo precedente, e che in vari modi uscissero allo scoperto tensioni sopite e desideri di cambiamento nei costumi, oltre che nelle istituzioni; così come, d'altro canto, il processo in sé di democratizzazione si rivelò ben presto incerto e piuttosto lento, superando in maniera molto graduale la mentalità organizzativa autoritaria e aprendo prospettive democratiche ancora da impostare[193].

Se, dunque, nei decenni precedenti i rapporti scolastici tra docenti e allievi – e più nello specifico tra maestre e alunni delle elementari – erano stati improntati alla formalità gerarchica di una società conservatrice (caratteri presenti ben prima del *golpe*, ma esasperati in seguito), l'apertura democratica ha stimolato la tendenza a portare nell'ambiente della scuola primaria una maggiore familiarità, una vicinanza parentale rassicurante, di cui l'appellativo di "zia" in luogo di "maestra" è l'esplicitazione.[194] Nella transizione alla democrazia, però, le tensioni nel mondo del lavoro e della scuola hanno posto in essere proteste in cui si sono fronteggiati rappresentanti della scuola e famiglie, su problemi riguardanti i ruoli e i riconoscimenti, oltre che i diritti di insegnanti e alunni. Ciò ha reso palesi alcuni equivoci di fondo, su cui Paulo Freire decide di intervenire nel 1993, con un libro dal titolo significativo: *Maestra, sì; "zia", no. Lettere a chi osa insegnare*[195].

Il testo è suddiviso in una serie di lettere aperte, rivolte «a chi osa insegnare», concentrandosi in ognuna di esse su un tema specifico del lavoro di insegnante, da riflessioni sul rapporto tra identità culturale e educazione, alla relazione tra contesto teorico e contesto concreto, alle qualità indispensabili per i docenti progressisti ecc.; propone una visione teorico-pratica della formazione degli insegnanti

---

[193] Cfr. P.R. Areias de Souza, *O inicio do processo de redemocratização do Brasil após a Ditadura Militar*, in "Âmbito Jurídico" [2008], consultabile in rete all'indirizzo: http://www.ambito-juridico.com.br/site/index.php?n_link=revista_artigos_leitura&artigo_id=6239.

[194] In maniera non dissimile, si potrebbe dire, dall'uso italiano di "zio" e "zia" per indicare ai bambini la vicinanza familiare degli amici più stretti dei genitori.

[195] P. Freire, *Professora, sim; tia, não: cartas a quem ousa ensinar*, São Paulo, Olho d'Agua, 1993, pp. 25 e ss. Il testo è inedito in Italia. Vale la pena sottolineare che nella lingua portoghese brasiliana non c'è differenza terminologica tra "maestra" e "professoressa", essendo utilizzato lo stesso termine, *professora*. Ho optato per l'uso del termine *maestra*, dato l'evidente riferimento contestuale alle scuole elementari, in cui è certo più comprensibile la consuetudine che ispira le considerazioni freiriane qui esposte.

dell'epoca (anticipando in un certo senso la sua ultima opera, *Pedagogia dell'autonomia*[196], incentrata sui «saperi necessari per la pratica educativa»). Il "filo rosso" che unisce le tematiche presentate, prende le mosse appunto dal fatto di chiamare *zia* la maestra, di cui Freire avverte la problematicità sotto vari aspetti.

Per Freire, il lavoro dell'insegnante è in egual misura piacevole e impegnativo, perché richiede preparazione emozionale, affettiva e persino fisica, esige serietà e non si disgiunge dall'apprendimento. Egli ritiene che questa dimensione affettiva sia parte integrante del processo e che sia necessaria una ben sviluppata capacità di *amare*, di voler bene; senza il coraggio che deriva dall'amore, tanto per gli allievi quanto per la professione in sé, è impossibile «insistere mille volte prima di desistere», che è quanto sperimentano tanti insegnanti nella loro carriera. Il verbo "amare", Freire lo sa bene, è soggetto a pregiudizi: l'appello ad amare gli altri e ad amare il processo educativo in sé, crea immagini mielose, o come si direbbe oggi, "buoniste"; amare però non vuol dire affatto insegnare in maniera accomodante, antiscientifica o priva di rigore. Semmai è un invito a essere coscienti del fatto che il processo di insegnamento, o meglio di insegnamento/apprendimento, si affronta con tutto il proprio essere, con il corpo e con la mente, con passioni, dubbi, paure, desideri e, anche ma non solo, con la ragione critica. Insegnare significa *osare*, come recita il sottotitolo dell'opera; osare, per continuare a lavorare con tutte le difficoltà che questo comporta, dalla scarsa considerazione sociale, al basso salario, alle pressioni di varia natura; tutti problemi che spingono verso la disillusione e il cinismo, verso la disaffezione per il lavoro in se stesso. Sono perciò necessari amore, competenza scientifica, creatività e disposizione a *lottare per la libertà*, senza la quale l'insegnamento è destinato a fallire.

A fronte di questo impegno professionale, il fatto di chiamare "zia" la maestra comporta la necessità dell'analisi semantica per scoprire la possibile *ombra ideologica* che questa usanza comporta. Bisogna innanzitutto capire cosa si intenda per "maestra" e cosa per "zia": non è questione di opporre i termini l'uno all'altro, sottolinea

[196] Cfr. P. Freire, *Pedagogia da autonomia*, Rio de Janeiro, Paz e Terra, 1996 (trad. it., *Pedagogia dell'autonomia*, Torino, EGA, 2004).

Freire, ma neppure di risolverne l'uno nell'altro, perché "maestra" comporta responsabilità professionale e assunzione di impegni, in quanto "zia" è un legame di parentela; una maestra può essere anche zia nella vita privata, ma nessuna è *zia per lavoro*. Il complesso di conoscenze e competenze richiesto dalla professione, con l'*osare* che comporta, non toglie nulla all'essere zia, ma la riduzione a questa, toglie invece qualcosa all'essere maestra: la responsabilità professionale e politica, di cui fanno parte anche la formazione permanente e l'aggiornamento, il coinvolgimento nei processi su larga scala dell'organizzazione educativa.

La comparazione semantica sembra celare, insomma, una sorta di trappola ideologica, una *ombra* per cui, sminuendo il ruolo professionale a ruolo simil-parentale, si insinua l'idea che le maestre debbano assumere un atteggiamento *mansueto*: per esempio, che da "brave zie" non debbano protestare o scioperare, poiché la rivendicazione professionale diventerebbe un gesto di disaffezione e di irresponsabilità verso i "nipotini", gli alunni, pregiudicando la loro istruzione. Lo scontro con le famiglie diventa così più aspro e l'appoggio per eventuali rivendicazioni ne risulta svalutato. Insomma, dietro all'idea della maestra come "zia", si nasconderebbe un'attitudine autoritaria verso le maestre, di cui potrebbero avvantaggiarsi enti amministrativi o promotori di politiche scolastiche non democratiche.

È bene chiarire che, parlando di ideologia, Freire non si riferisce a un'attuazione cosciente di piani preordinati per svilire una classe professionale, come se vi fosse un complotto; piuttosto, alla tendenza ad accettare inconsapevolmente strutture culturali e modi di pensare sottesi alle situazioni contingenti, così come alla società in generale, formatisi storicamente, che possono opacizzare la comprensione della realtà. Un esempio di questa "miopia" dovuta alle ombre ideologiche è l'ambiguità che le maestre sperimentano nell'assunzione del loro ruolo: alcune hanno timore di smettere d'esser chiamate *zie* e di rinunciare così all'apparente *pace relazionale* che ciò comporta, poiché nella piena accettazione del ruolo professionale di maestra è implicata una responsabilità che genera anche conflitti. In un momento storico di transizione politica per il Brasile, in cui convivono apparati amministrativi ancora autoritari e nuove situazioni democratiche, la faccenda assume un rilievo non indifferente, in quanto le maestre –

come tutto il corpo docenti – è chiamato ad attuare un'attiva partecipazione riformistica del settore professionale, in cui il conflitto è inevitabile.

Non solo, ma la lotta per la scuola democratica è di per sé stessa un insegnamento dei valori democratici che i docenti, e perciò le maestre, possono impartire ai propri alunni. Per questo Freire ritiene utile delineare alcuni compiti fondamentali che rendano l'impegno professionale una *testimonianza etica*: 1) non intendere questo impegno come una lotta personale, portata avanti singolarmente, nemmeno nel caso (probabile) di meschine ritorsioni individuali contro questa o quella docente; 2) spingere collettivamente gli organi di categoria a sostenere questo impegno, coinvolgendoli in maniera attiva; 3) ottenere la possibilità di una autentica formazione permanente, in cui la pratica e la teoria siano un'esperienza *dialettica* di perfezionamento: la valutazione della pratica come cammino di formazione teorica.

Quest'ultimo compito è particolarmente importante, dato che genera un altro equivoco rispetto al ruolo dei docenti. Freire vi insiste perché la formazione permanente è il fondamento della professionalizzazione del ruolo, in contrasto con la svalutazione insita nell'idea di "zia". Ogni tipo di pratica richiede programmazione e valutazione: due momenti in stretta correlazione, in quanto valutare un tipo di pratica richiede quasi sempre una rettifica nella programmazione iniziale. In effetti è necessario porre in essere una valutazione passo a passo, per verificare che si stiano raggiungendo gli obiettivi programmati; la rettifica nella programmazione equivale a una presa di coscienza nella teoria, attraverso l'applicazione concreta. Spesso però, lamenta Freire, la valutazione è indirizzata verso la persona della maestra, anziché verso la sua pratica; viene cioè intesa in un senso *punitivo* del docente piuttosto che *migliorativo* della sua azione, come dovrebbe invece essere una valutazione intesa quale strumento di formazione professionale.

A ciò si ricollega un ulteriore equivoco sulla valutazione, consistente, da un lato, nell'effettuare questa alla fine del processo e non già alla luce delle prime applicazioni pratiche; dall'altro, alla scarsa o nessuna importanza attribuita al *contesto* in cui l'azione docente deve essere svolta e le condizioni in cui devono essere raggiunti gli obiettivi programmatici. Una buona pratica, secondo Freire, ha il suo inizio nella valutazione critica[197] del contesto, attraverso cui si prende coscienza delle dinamiche ambientali che influenzeranno il lavoro da svolgere; si tratta in effetti di una valutazione che precede la stessa programmazione degli interventi. Il problema è che questa valutazione critica non avviene, in quanto la programmazione è intesa soprattutto come una trasmissione di "pacchetti" di obiettivi stabiliti a tavolino da organizzatori e pianificatori scolastici, nel chiuso dei loro studi, cui le maestre (in generale il corpo docente) devono semplicemente sottomettere la propria azione. Per Freire, questo è un atteggiamento altrettanto autoritario che nega tanto l'importanza del contesto, in cui quei "pacchetti" vengono imposti senza valutazioni preliminari, quanto la capacità creativa delle maestre rispetto alle situazioni reali in cui vengono a operare. Per questo motivo il compito, indicato in precedenza, di lottare collettivamente per sostenere l'impegno per la scuola democratica e il riconoscimento del ruolo dei docenti, non si limita alla rivendicazione sindacale, ma si estende alla stessa formazione professionale, che implica la curiosità, il piacere di acquisire conoscenze e di progredire nello sviluppo delle proprie capacità, anziché limitarsi a porre in pratica obiettivi pre-programmati e trasmessi in maniera autoritaria. In sostanza, anche in questo equivoco si allunga l'ombra ideologica dell'autoritarismo amministrativo.

Tra i molti ulteriori argomenti politico-pedagogici proposti da Freire, si può prendere in considerazione quello espresso nella settima lettera che compone l'opera, intitolata «Dei rapporti tra educatrici e educandi»[198]. Freire si concentra su diversi aspetti che concernono il rapporto tra i docenti e gli allievi (nonostante il titolo,

---

[197] Non bisogna dimenticare che nella prospettiva freiriana la pedagogia è *critica*, nel senso di essere calata nel contesto e quindi non neutrale rispetto a esso. La non-neutralità della pedagogia e dell'educazione è uno dei punti fermi del pensiero di Freire, in quanto l'educazione in sé è un atto politico: sorge da contesti storici dati, ha un portato di tensioni ideologiche legate alla natura della società che la esprime, ne influenza lo sviluppo e si pone al crocevia tra perpetuazione dei rapporti sociali e loro rivoluzione. Ogni intervento di Freire contiene perciò una componente politica, contro ogni pretesa di distacco *scientifico*, che renderebbe artificialmente *asettica* l'azione pedagogica. Questa non può essere invece disgiunta dalla concreta situazione politico-sociale in cui si svolge. Per un approfondimento dell'educazione come atto politico, dalla prospettiva gramsciana cara a Freire, si consiglia M.A. Manacorda, *Il principio educativo in Gramsci*, Armando, Roma 1970.

[198] P. Freire, *Professora, sim; tia, não*, cit., pp. 135-148.

si riferisce a tutti i docenti, di ogni grado e genere) e le difficoltà che si creano nella quotidianità della scuola.

Il docente deve essere innanzitutto *coerente* tra ciò che dice e ciò che fa: senza tale coerenza, nella pratica educativa, si provocano disastri. Se si lotta per una scuola democratica, contro le limitazioni alla libertà di insegnamento da parte della direzione scolastica, non si può al contempo essere restrittivi e autoritari verso gli allievi, perché uno scompenso tra i discorsi e le azioni viene da essi percepito in modo chiaro – e negativo. La testimonianza dell'azione è molto più forte della testimonianza della parola, perché può avere effetti e ricadute immediate; gli allievi si accorgono subito delle contraddizioni, a ogni affermazione controllano la consequenzialità delle azioni, giungendo, al peggio, a non credere più a ciò che il docente dice. Questo corrode il profilo dell'insegnante e la sua credibilità.

In Brasile c'è una espressione significativa: *faça o que eu digo, não faça o que eu faço* («fai quel che ti dico, non fare quel faccio»), usata soprattutto dai genitori per rimediare all'incoerenza degli esempi che danno ai propri figli, rispetto alle lezioni impartite. Per Freire, è un tentativo quasi vano, tanto in famiglia quanto a scuola; certo non sempre, perché dipende dalle situazioni e dai casi: a volte, ciò che si dice è così forte in sé da resistere all'ipocrisia di chi, dichiarandolo, fa poi il contrario. Ma senza dubbio, una cosa detta e non vissuta perde molta della sua forza: chi assiste all'incoerenza, infatti, ha buon gioco a dire che se una determinata affermazione fosse davvero cosa buona, allora sarebbe vissuta, anziché detta.

L'attenzione degli allievi su questo aspetto deve perciò rafforzare la consapevolezza per cui la testimonianza coerente è parte imprescindibile della professione. È necessario, secondo Freire, *dimostrare* la propria permanente disposizione ai buoni valori e alle buone idee, come giustizia e libertà, diritto di essere ciò che si è, difesa dei più deboli dallo sfruttamento e così via. Dimostrare che «l'etica e l'estetica si danno la mano», perché oltre al dovere c'è la bellezza dell'impegno etico-politico, dell'insegnamento democratico. E sono anzi i contesti più difficili e carenti, come le *favelas*, a formare meglio i docenti progressisti.

La storia di Carlinha, bambina di una *favela* paulista, è un esempio che Freire riporta per spiegare meglio questo punto. Una sua collega docente, maestra di una scuola elementare di São Paulo, era stata contatta da una signora, nonna di Carlinha, affinché accogliesse a scuola la nipotina, che passava altrimenti le giornate vagando senza scopo per le strade, sempre sporca, oggetto di derisione degli altri bambini. La signora non aveva però come pagare la tassa di iscrizione; la maestra allora fece una sola richiesta: che la bambina si presentasse a scuola lavata e coi vestiti puliti, per il resto non c'era problema. Questo semplice fatto, già dai primi giorni, aveva cominciato a dare risultati positivi: Carlinha aveva scoperto di essere di più di un viso sporco, la sua igiene personale ne valorizzava la presenza in aula, cominciando a sviluppare fiducia in se stessa; allo stesso tempo, anche la nonna riscopriva se stessa, nel prendersi cura ogni giorno della nipote e capendo di essere importante anche lei. Questa storia, reale, dimostra l'importanza di valutare il contesto, di capirlo nei suoi meccanismi espliciti e impliciti, per sapere come e quando intervenire. L'insegnante progressista non esaurisce il suo compito nell'insegnare, in modo puramente tecnico, una materia come la matematica, la geografia o la grammatica. Ha molto di più da insegnare, perché il fatto stesso di essere docente lo rende, per Freire, un militante politico contro le ingiustizie sociali, per il progresso e il cambiamento che servono al paese.

Ma ciò richiede, come si è detto, anche una preparazione personale. Coerenza e testimonianza richiedono forza d'animo e presenza di spirito, nell'affrontare la quotidianità scolastica. I docenti che dimostrano debolezza, dubbiosità, insicurezza nel rapporto con gli studenti, sono destinati a fallire nel loro compito: Freire riporta anche un ricordo personale, risalente agli anni della sua adolescenza, riferendosi a un professore il quale non aveva alcuna attitudine a porre ordine in aula, non sapeva interagire, né attrarre a sé gli studenti, finendo per essere maltrattato e preso in giro senza alcun pudore dai suoi stessi allievi. Questo professore si presentava già sconfitto, non aveva alcun rispetto di se stesso innanzitutto, quindi non ne riceveva dalla classe. Non solo, ma aveva in tutta evidenza paura dei suoi allievi, la paura lo dominava in tutto, e gli allievi, accorgendosene, ne approfittavano per bistrattarlo. Freire ricorda che persino quando questi usciva dall'aula, non voltava le spalle alla classe per timore di essere colpito da qualcosa, fossero anche solo degli insulti. Una tale debolezza era deleteria e Freire aveva giurato a se stesso di non diventare mai in quel modo, rifiutando questo atteggiamento al pari dell'autoritarismo arrogante di altri professori, i quali invece imponevano la propria parola come legge, schiacciando gli allievi.

Le relazioni tra docenti e studenti sono complesse, difficili e vanno costantemente ripensate; gli studenti possono anche testare l'insegnante, sfidarne la coerenza, una sfida che va affrontata con serietà. Un suggerimento di Freire è quello di *registrare* i fatti che quotidianamente accadono a scuola, tra i docenti e i loro allievi, e valutarli passo a passo insieme: registrare stimola a osservare, comparare, selezionare e stabilire relazioni tra fatti e cose. Si potrebbe cominciare già dai bambini più piccoli, che ancora non sanno scrivere, spingendoli a parlare della loro esperienza a scuola, di cosa fanno, cosa vedono, cosa vorrebbero fare, per svilupparne l'attenzione, l'osservazione e la capacità orale, che è propedeutica a quella di scrittura.

Questa interazione, questi rapporti quotidiani, sono un banco di prova, di formazione e di fortificazione degli insegnanti, di sviluppo per gli studenti come persone e come cittadini; insomma il perno della scuola democratica. Se in Freire la fase d'impegno politico è più pronunciata, basterebbe pesare al Dewey del 1899 per ritrovare la stessa consapevolezza del ruolo dell'insegnante come agente del cambiamento sociale e della promozione della democrazia, un docente in grado di capire la società e di interagire con gli studenti affinché ne diventino membri consapevoli[199]. D'altra parte, la formazione degli insegnanti ha una doppia natura, professionale e personale; una caratteristica di Freire è la grande attenzione alla dimensione esistenziale, il vissuto sia inteso come ambiente sociale e condizione materiale, sia inteso come insieme di sentimenti, speranze, desideri ed emozioni. Una figura cui ricorre spesso è quella del *corpo molhado*, letteralmente il «corpo bagnato», impregnato di informazioni, sensazioni, allegrie, dolori, insomma *immerso* nella vita, che è rete di rapporti, di dialogo tra esseri viventi e pensanti.

Per questo la vita dei docenti, delle maestre, degli educatori, delle professoresse, è una missione, perché bisogna *amare* il proprio lavoro per poterlo realizzare al meglio. La lotta politica e la formazione professionale sono interconnesse, perché nella libertà di insegna-

---

[199] Cfr. J. Dewey, *Scuola e società*, trad. it. di E. Codignola e L. Borghi, La Nuova Italia, Firenze 1954. Anche, R.B. Westbrook, *John Dewey e la democrazia americana*, trad. it. di T. Pezzano, Armando, Roma 2011, p. 162.

mento è contenuta la libertà *tout court*. Di conseguenza, sminuire il ruolo dei docenti vuol dire sminuire i docenti stessi come persone, renderli un ingranaggio nell'apparato burocratico anziché i formatori delle generazioni future. E attraverso la loro umiliazione, si umiliano gli allievi, costretti in una scuola che non riesce a essere pienamente democratica e, pertanto, non fornisce loro le basi per renderli cittadini attivi. Talvolta, questa umiliazione è palese, come nella dittatura militare, tal'altra, è implicita nei condizionamenti culturali, appunto un'ombra ideologica che pervade la *forma mentis* e influenza teorie e pratiche. Il procedimento di analisi critica che Freire propone ha lo scopo di uscire da quell'ombra, che molto spesso costituisce addirittura una *zona di conforto* per diversi settori sociali e professionali.

In conclusione, vale la pena di riportare un brano dall'introduzione all'opera, che riassume la critica freiriana agli equivoci sul ruolo dei docenti, basati sulla corrispondenza semantica e strutturale tra maestra e "zia":

> «*Il tentativo di ridurre la maestra alla condizione di zia è una "innocente" trappola ideologica in cui, tentando di dare l'illusione di addolcire la vita della maestra, ciò che si tenta davvero è di fiaccare la sua capacità di lotta, o di trattenerla dall'esercizio di compiti fondamentali. Tra questi, per esempio, quello di incoraggiare i suoi alunni, sin dalla più tenera età, attraverso giochi, storie e letture, a comprendere la necessità di coerenza tra discorso e pratica. Come il discorso sulla difesa dei poveri, dei deboli, dei* descamisados[200]*, e la pratica a vantaggio dei* camisados *e a sfavore dei* descamisados. *O il discorso che nega l'esistenza delle classi sociali, e la pratica politica esattamente a favore dei potenti. La difesa, o la pura accettazione, del fatto che sia normale la profonda differenza che c'è tra il discorso di un candidato in quanto tale e il discorso che porta avanti dopo le elezioni. Non mi sembra etico vivere in questa contraddizione o difenderla come un comportamento corretto. Non è con pratiche di questo genere che aiutiamo la formazione di una cittadinanza vigilante, indispensabile allo sviluppo della democrazia. Alla fine, la tesi di* Professora, sim; tia, não*, è che in quanto zii, zie o mae-*

[200] Letteralmente, "senza camicia". Il gioco visivo tra chi indossa o meno una camicia richiama, forse involontariamente, l'immagine dei *sans-culottes* come rappresentanti del popolo, in contrasto con i nobili, durante la Rivoluzione francese.

stri, tutti noi abbiamo il diritto o il dovere di lottare per essa, il diritto di essere noi stessi, di scegliere, di decidere, di svelare verità. La maestra, però, è maestra. La zia è zia. È possibile essere zia senza amare i nipotini, senza aver piacere di essere zia; ma non è possibile essere maestra senza amare gli alunni – persino se amare, da solo, non basta – e senza apprezzare quel che si fa. [...] Non è possibile nemmeno essere maestra senza lottare per i propri diritti, per far sì che i propri doveri siano compiuti al meglio. Ma voi che mi state leggendo ora avete tutto il diritto, essendo o cercando di essere maestre, di voler essere chiamate zie. Quel che non potete, però, è disconoscere le implicazioni nascoste nell'argomento ideologico che coinvolge la riduzione della condizione di maestra a zia»[201].

4.2.2. Autonomia e indignazione

Questo impegno critico sulla situazione dei docenti nella scuola democratica è lo stesso che caratterizza l'ultima opera di Freire: *Pedagogia dell'autonomia*[202], che sintetizza i suoi principi educativi, il suo modo di intendere e mettere in pratica l'educazione, secondo direttive che orientino le pratiche educative verso la realizzazione di un'esistenza umana libera, degna, giusta e solidale. Rappresenta, cioè, l'incontro etico tra insegnamento e apprendimento, tra educatori, educatrici e allievi, nel processo pedagogico che si espleta attraverso la lettura critica del mondo, la condivisione di principi e azioni, l'impegno del fare di ogni pratica trasformatrice un'occasione per l'emancipazione. Sin dalla prima edizione del 1996, questo testo ha assunto un ruolo di strumento pedagogico per scuole popolari e organizzazioni sociali in Brasile. La componente etico-politica dell'opera è inscindibile dalla riflessione pedagogica, poiché Freire ribadisce che l'educazione deve costituirsi come modo di vita e come prassi sociale, uscire dagli ambiti prettamente formali e divenire una componente essenziale di ogni azione e ogni momento. Ogni capitolo, lungi

201 Le considerazioni di Freire contenute nel libro sono rapportate a situazioni precise (lotte sindacali, proteste, rapporti con i *media*, ecc.), citando anche nomi di persone ed enti coinvolti all'epoca, durante la transizione democratica. Cfr. Freire P., *Professora, sim; tia, não*, cit., pp. 47-49. La traduzione dall'originale portoghese è mia.

202 P. Freire, *Pedagogia da autonomia. Saberes necessários à prática educativa*, cit.

dall'essere una esposizione sistematica del tema di volta in volta richiamato, è piuttosto un invito alla riflessione sui più vari e significativi aspetti della pratica educativa; ogni riflessione è infatti presentata con un titolo simile: «insegnare esige...» seguito da un concetto specifico, da «rigore metodico» a «criticità», da «riconoscimento dell'essere condizionati» a «allegria e speranza». E dividendo le riflessioni in tre capitoli tematici che riassumono altrettanti punti-cardine della teoria freiriana: «Non c'è insegnamento senza apprendimento», «Insegnare non è trasferire conoscenza» e «Insegnare è una specificità umana».

La questione etica è particolarmente presente: parlando di *etica universale dell'essere umano*, Freire condanna il cinismo che ravvisa nel modello ideologico neoliberista, in cui la dignità dell'esistenza è sostanzialmente negata a una maggioranza di persone nell'umiliazione delle loro condizioni materiali e morali, nell'impedimento, attraverso un sistema di sviluppo ingiusto, di raggiungere la propria realizzazione umana. Si pone come fautore dell'*indignazione* intesa come reazione a uno stato di cose che maschera la fondamentale ingiustizia della sua essenza con illusioni di benessere e di autorealizzazione, da raggiungere non tramite la solidarietà bensì la competizione, la sopraffazione e la disuguaglianza. Il prezzo di tutto ciò è una vita dominata dalle menzogne, dalla soppressione dei sogni e dallo sfruttamento dei poveri e dei deboli, gli oppressi che da sempre sono al centro della pedagogia di Freire. Per questo vivere, insegnare e testimoniare l'etica universale è l'obiettivo e l'impegno richiesto quotidianamente ai professori, nelle scuole e nelle associazioni, quando organizzano eventi o preparano lezioni e dibattiti, quando dialogano tra loro e con gli allievi; l'ammonimento di Freire a essere sempre vigili in questo senso, si basa proprio sulla consapevolezza che anche le pratiche educative, in quanto azioni specificamente umane, sono permeabili alla trasgressione etica e, dunque, diventare un mezzo di riproduzione del cinismo anziché dell'umanizzazione, della repressione anziché dell'emancipazione[203]. *Pedagogia dell'autonomia* riprende ancora una volta i temi presenti nel pensiero freiriano sin dagli anni Cinquanta, concernenti la storicità e

[203] Cfr. T. de S. Albuquerque, *Pedagogia da autonomia*, in A.I. Souza (a cura di), *Paulo Freire: vida e obra*, Expressão Popular, São Paulo 2001, pp. 205-246.

la politicità dell'educazione, con tutto il portato successivo di acquisizioni e ripensamenti, per lasciare un ultimo contributo all'educazione dialogica e liberatrice, progressista e rivoluzionaria, alla vigilia della globalizzazione. La *pedagogia dell'indignazione* non è il grido morente dell'utopia sconfitta, bensì l'esortazione a trovare nell'utopia stessa la guida ideale, l'orizzonte creativo verso cui tendere, riprendendo il concetto anche dal punto di vista etimologico: non solo il *non-luogo*, l'immagine ideale ispiratrice, ma soprattutto il *bel-luogo*, la visione proiettata al futuro nell'orizzonte delle possibilità.

Questa idea di indignazione dà anche il titolo alla prima raccolta postuma di materiali incompiuti, cui il pedagogista stava lavorando negli ultimi giorni della sua vita, riordinati dalla moglie Ana Maria Araujo Freire[204]. Organizzato in due parti, si compone di tre *lettere pedagogiche* e una serie di altri scritti, a proposito di varie questioni contingenti, in Freire riversa la sua passione politica; il tema dell'indignazione come denuncia di ciò che è ingiusto e sbagliato, di quanto sia necessario lottare contro la trivialità e l'egoismo promossi dall'ideologia del profitto e della sopraffazione, si collega a eventi di cronaca e riflessioni sulla quotidianità, che sembrano aprire una voragine tra la speranza utopica nella trasformazione del mondo e la concreta possibilità di superare la violenza e la discriminazione. L'idea iniziale avrebbe dovuto essere quella di scrivere lettere rivolte a giovani genitori, figli adolescenti e educatori, provando a suggerire risposte a riflessioni che ognuno di loro potrebbe aver fatto nella sua vita quotidiana. Nella prima lettera, per esempio, tra le varie considerazioni sul rapporto di interdipendenza dell'essere umano con la società e con il mondo, Freire si concentra su ciò che lui chiama «tirannia della libertà», caratteristica delle famiglie dove i bambini sono fuori controllo e posso fare tutto quel che vogliono: di fronte a un bambino capriccioso, che batte i piedi, grida e manca di rispetto agli ospiti sotto gli occhi dei genitori, i quali forse ritengono anche un bene che il loro figlio si comporti "liberamente", c'è invece bisogno di porre dei *limiti*, allo stesso modo di come è necessario stimolare

[204] La quale ha in seguito dato alle stampe una seconda raccolta di materiali inediti ritrovati nell'archivio personale del marito. Cfr. P. Freire, *Pedagogia da indignação. Cartas pedagógicas e outros escritos*, Ed. Unesp, São Paulo 2000; Id., *Pedagogia da Tolerância*, Paz e Terra, 2013.

l'autoaffermazione in un bambino timido. La volontà del fare è autentica nei soggetti che hanno limiti: la volontà *illimitata*, al contrario, è l'anticamera del dispotismo, dell'egoismo che, pretendendo di soddisfare ogni proprio desiderio, nega le volontà altrui, trasformandosi in arbitrio e sopruso. Un problema che porta Freire a discutere della tensione dialettica fra autorità e libertà, in merito al rapporto fra educazione e democrazia: se quest'ultima non si può apprendere con una educazione repressiva e autoritaria, nemmeno può essere appresa tramite una libertà che si converte in licenza, per cui fare quel che si vuole equivale a disinteressarsi dei bisogni e dei desideri delle altre persone, che ne risultano svalutate. Autorità e libertà non sono necessariamente antagoniste, sottolinea Freire, se si assumono i limiti dell'una e le possibilità dell'altra nella tensione oscillante tra le diverse necessità; è infatti l'accoglimento di una sola e unica prospettiva, autoritaria o libertina, a recare un danno educativo rispetto alla formazione caratteriale ed etica richiesta dalla vita democratica.

Tale riflessione si collega direttamente alla terza lettera, in cui l'indignazione verso la disumanizzazione raggiunge il suo culmine: Freire commenta infatti un tragico fatto di cronaca avvenuto in quello stesso periodo, l'assassinio di un *indio*, Galdino Jesus dos Santos, bruciato vivo da un gruppo di giovani dell'alta società di Brasilia[205]. La lettera, rimasta incompiuta, esprime la sua incredulità e la sua rabbia per l'inconcepibilità dell'atto, perpetrato da giovani del tutto privi di empatia e di considerazione per l'altro, abituati a non dare alcun valore a ciò che li circonda, lasciati agire da sempre senza alcun limite, né etico, né caratteriale, né spirituale. Per Freire assurgono a simbolo

[205] Galdino Jesus dos Santos (1952-1997), *indio* di etnia pataxó hã hã hãe, è stato uno dei leader delle popolazioni indigene che all'epoca rivendicavano la terra indigena di Caramuru-Paraguaçu (a sud dello Stato di Bahia), oggetto di una disputa fondiaria con i grandi proprietari terrieri della regione. Si era recato assieme ad altri sette rappresentanti a Brasilia, durante le commemorazioni del *Dia do Índio*, per portare avanti la causa; la pensione dove aveva preso alloggio aveva un orario di chiusura e Galdino, non essendo riuscito a tornare in tempo dopo le riunioni con le autorità, aveva optato per dormire in strada, trovando rifugio presso una fermata degli autobus nelle vicinanze. Nelle prime ore del mattino del 20 aprile, cinque giovani della classe alta di Brasilia, passando da quelle parti, decidono di «fare uno scherzo» a quello che consideravano un senzatetto, comprando due litri di benzina da un distributore e appiccando il fuoco a Galdino mentre dormiva, il quale morirà alcune ore dopo in ospedale. Il caso ha suscitato proteste in tutto il Paese ed è considerato uno dei più scioccanti della storia brasiliana recente.

del fallimento dell'educazione come formazione della persona, come costruzione di valori condivisi e come prospettiva progressista per la trasformazione del mondo; non riesce a capacitarsi della motivazione addotta dai ragazzi: lo "scherzo", il *divertimento* nel dare fuoco a una persona. Ma una persona disumanizzata, ridotta a «un'ombra inferiore del mondo», una *cosa* subumana, di cui poter disporre a proprio piacimento, come i bambini fanno con gli animali, sottoponendoli a crudeltà di ogni genere solo per vederli saltare, correre, spaventarsi. Qui, come in molti altri luoghi della sua produzione, ma forse in maniera persino più sentita, Freire non ha reticenze nell'esprimere tutta la sua sensibilità per le umane vicende, sia di dolore per gli abissi che talvolta si aprono nella quotidianità di una umanità sempre meno solidale, come in questo caso; sia di entusiasmo per la capacità altrettanto grande dell'essere umano di rinnovare la speranza, di risaltare il bisogno di utopia, di lottare per la realizzazione del sogno, sul piano politico, sociale, economico, umano. Anche nei momenti di più alta indignazione, Freire non rinuncia mai a questa speranza, anzi sembra rinvigorito nella convinzione che più che mai si debba concentrare nella pratica educativa lo sforzo di costruire la democrazia, nella prospettiva di una effettiva e reale pedagogia della liberazione.

Freire muore nel maggio del 1997 per un attacco cardiaco. Nel 2009 il Ministero della Giustizia brasiliano ha fatto richiesta di perdono *post mortem* alla famiglia per la condanna all'esilio durante il regime militare. Nel corso della sua carriera è divenuto fonte di ispirazione per generazioni di educatori e professori, specialmente in America Latina e in Africa; è stato omaggiato da università come Cambridge, Oxford, Harvard e Bologna[206], che lo hanno insignito del titolo di Dottore Honoris Causa. Il 13 aprile 2012 il governo del Brasile ne ha omaggiato la vita e l'opera dichiarandolo *Patrono dell'Educazione Brasiliana*[207]; un riconoscimento messo però in discus-

[206] In rete sono disponibili i video di alcune sue conferenze tenute nel 1989 presso vari gruppi di studiosi all'Alma Mater di Bologna. Si vedano a titolo di esempio quelli disponibili sul portale Rai Scuola, tratti dal programma *Dialoghi con Paulo Freire*, visionabili all'indirizzo: http://raiscuola.rai.it/articoli/paulo-freire-pedagogia-degli-oppressi/3932/default.aspx

[207] Legge n. 12.612; si veda la comunicazione del Ministério da Educação, accessibile in rete all'indirizzo: http://portal.mec.gov.br/component/content/article?id=17681:paulo-freire-e-declarado-o-patrono-da-educacao-brasileira

sione negli ultimi anni dal governo attualmente in carica, il cui orientamento politico e religioso fortemente conservatore e reazionario individua nell'opera di Freire una pedagogia "dannosa" per i valori ritenuti fondanti dell'identità culturale brasiliana, in quanto asservita a interessi e progetti politici progressisti, sostenendo invece la necessità del ritorno a una educazione "neutrale", tecnica e trasmissiva[208]. Entrambe le posizioni costituiscono, in fondo, un travisamento delle idee e della pratica freiriane: come sottolinea Kohan[209], il fatto di nominare Freire «patrono dell'educazione brasiliana» è un atto altamente simbolico, la cui influenza sul sistema educativo nazionale appare minima, non avendo modificato in maniera significativa la prassi, mentre l'impatto mediatico è risultato foriero di scontri tra fazioni. Se il riconoscimento è percepito come giusto da gran parte gli educatori, specie quelli impegnati nei settori più marginalizzati, è però altrettanto rifiutato da coloro i quali associano Freire al *Partido dos Trabalhadores* e quest'ultimo agli scandali di corruzione che hanno segnato i governi Lula e Rousseff. Da un lato, quindi, si ha una operazione quasi "di facciata", le cui argomentazioni sono peraltro esposte in maniera discutibile[210], mentre la sostanza delle idee freiriane viene di fatto contraddetta da un sistema scolastico ancora molto tradizionale; dall'altro, si procede all'appiattimento della figura del pedagogista sulle polemiche partitiche e il conseguente tentativo di revocare il riconoscimento simbolico della sua importanza.

Dal punto di vista legislativo, il tentativo più concreto è avvenuto con la presentazione al Senato della *sugestão legislativa* SUG

---

[208] Un sostegno preponderante a questa visione è propugnato, oltre che dal già citato movimento *Escola Sem Partido* (il cui programma in lingua portoghese è consultabile in rete all'indirizzo: https://www.programaescolasempartido.org/), anche dal *Movimento Brasil Livre* (https://mbl.org.br/propostas/).

[209] Autore della più recente biografia intellettuale di Freire, analizza il rapporto tra educazione e politica a partire dalle posizioni del pedagogista brasiliano, problematizzando la strada aperta da Freire per una riflessione critica del ruolo degli educatori e delle educatrici nella società. Cfr. W. Kohan, *Paulo Freire, mais do que nunca: uma biografia filosófica*, cit..

[210] Ad esempio, nelle motivazioni della legge si parla della *Pedagogia degli oppressi* come di un testo che propone un «nuovo modello di insegnamento, meno gerarchico tra allievi e professori», mentre il punto centrale dell'opera è la critica all'educazione bancaria e l'affermazione di una politica educativa senza oppressori né oppressi, cioè di una logica della relazione pedagogica che dall'ambito istituzionale scolastico si estende ai diversi ambiti del sociale. Cfr. W. Kohan, *op. cit.*, p. 20.

47/2017, in cui, in un portoghese peraltro sgrammaticato, si denuncia Paulo Freire come un «filosofo di sinistra» che basa il suo metodo sulla «lotta di classe e il sociocostruttivismo, che è la materializzazione del marxismo culturale», il cui «fallimento conclamato» sarebbe riconosciuto da molte «valutazioni negative internazionali» (di cui, in ogni caso, non viene dato conto). In conseguenza di ciò, si è chiesta l'abrogazione della Legge 12.612, addossando a Freire la responsabilità di tutti i fallimenti del sistema educativo in Brasile e dell'«indottrinamento marxista» in quanto abuso della libertà di insegnamento[211]. Kohan rileva, innanzitutto, come l'essere etichettato come *filosofo di sinistra* basti a diventare uno stigma che squalifica l'uomo *in toto*; poi, come Freire venga ridotto a un metodo, e questo metodo sia travisato (il fatto che *non* si basi sulla lotta di classe è una delle critiche portate a Freire da parte marxista, come si è visto in *Pedagogia della speranza*) e confuso con altre idee di stampo diverso; infine, quanto sia inopportuno rivolgere accuse a un pedagogista presentando una richiesta ufficiale piena di errori grammaticali[212].

Ma ancor più pregnante è la mistificazione dell'importanza della figura di Freire: la sua opera principale, *La pedagogia degli oppressi*, risulta uno dei testi più citati al livello internazionale nelle aree delle scienze sociali e della pedagogia; una ricerca su *Google Scholar* condotta nel 2016 da Elliot Green[213], riportata da Kohan, mostra che l'opera è citata oltre settantaduemila volte in lavori da tutto il mondo nel campo delle scienze sociali, al terzo posto dopo *La struttura delle rivoluzioni scientifiche* di Thomas Kuhn e *Diffusion of Innovations* di Everett Rogers. Secondo la banca dati *The Open Syllabus Project*, è tra i primi cento libri più consultati, mentre nel solo Brasile, tra il 1991 e il 2012, sono stati presentati 1.852 lavori di laurea magistrale che fanno riferimento all'opera di Freire, stando a una ricerca della

---

[211] La proposta è stata presentata nel novembre 2017, discussa nel mese successivo dalla Commissione per i Diritti Umani e la Legislazione Partecipativa, e rigettata. Il testo è consultabile in rete all'indirizzo: https://www12.senado.leg.br/ecidadania/visualizacaoideia?id=90310.

[212] Il brano che descrive l'oggetto della *sugestão* risulta redatto con diversi errori di battitura, tra cui la mancanza di accenti, la grafia sbagliata di parole composte, l'uso di espressioni al limite del gergale.

[213] Consultabile in rete all'indirizzo: https://blogs.lse.ac.uk/impactofsocialsciences/2016/05/12/what-are-the-most-cited-publications-in-the-social-sciences-according-to-google-scholar/.

Pontificia Universidade Católica de São Paulo[214]. Il maggior numero di citazioni, nel totale delle ricerche, riguarda le edizioni in lingua spagnola e in lingua inglese, come a dimostrare che anche per il pedagogista brasiliano vale il vecchio motto per cui «nessuno è profeta in patria»; anche al di là degli innumerevoli riconoscimenti internazionali tributati a Freire in vita e postumi, le cifre riportate nella biografia filosofica basterebbero da sole a sfatare qualsiasi idea di «fallimento conclamato» o di «valutazioni negative» addotte dai suoi detrattori. Per di più, riguardo alle critiche sui problemi e i fallimenti del sistema educativo brasiliano, lo stesso Freire potrebbe concordare su diverse di esse, come ha detto e scritto più volte nel corso della sua vita, eppure viene accusato di esserne responsabile in modo esplicito, contro ogni evidenza, a cominciare dal programma politico dell'attuale presidenza[215].

Secondo Kohan, «è necessario tirare fuori Paulo Freire dal conflitto tra sostenitori e detrattori dei vari partiti politici, perché la "politicità" dell'educazione è una questione diversa dalle logiche partitiche inserite nel sistema rappresentativo; in senso ampio, riguarda il modo di esercitare il potere nelle relazioni con gli altri, e più in particolare nella relazione educativa. [...] L'educazione è politica perché esige forme di esercizio del potere, di organizzazione collettiva, di costruzione della comunità»; scopo del lavoro di Kohan è considerare *questa* dimensione politica nella rilettura del pensiero di Freire, dal punto di vista biografico, per compiere un esercizio di pensiero nel recupero dei contributi freiriani sulla politicità dell'educazione, «lontano dalle cecità partitiche»[216].

---

214 Cfr. A.M. Saul, *Paulo Freire na atualidade. Legado e reinvenção*, in "Revista e-Curriculum", São Paulo, v. 14, n. 1, p. 09-34, gennaio-marzo 2016.

215 Cfr. J. Bolsonaro, *O caminho da prosperidade. Proposta de plano de governo*, 2018. Consultabile in rete all'indirizzo: https://flaviobolsonaro.com/PLANO_DE_GOVERNO_JAIR_BOLSONARO_2018.pdf

216 Cfr. W. Kohan, cit., p. 23. Per una riflessione sul rapporto tra politica e pedagogia, si consiglia inoltre S. Salmeri (a cura di), *Pedagogia e politica. Per le buone pratiche educative e per la formazione del cittadino in democrazia*, Città Aperta Edizioni / Kore University Press, Enna 2009.

Appendice

I. Sul ruolo degli intellettuali tra ideologie dominanti e resistenze culturali. Brani scelti

Si propongono di seguito alcuni ulteriori brani tratti da *Por uma pedagogia da pergunta*, il «libro parlato» realizzato con Faundez nel 1984, come approfondimento di temi inerenti alle concezioni politico-filosofiche di Freire, in particolare nel campo delle idee dominanti, della razionalità di produzione che avanza anche nella cultura e perciò diventa l'ideologia che plasma una società ingiusta[217].

All'azione dell'ideologia dominante corrisponde sempre una serie di manifestazioni di resistenza culturale da parte delle classi oppresse: si tratta di un sapere popolare basato sulle pratiche quotidiane, dal sincretismo religioso alle forme di conservazione delle tradizioni. Citando Antonio Gramsci, Freire e Faundez tracciano una relazione tra il sapere popolare e il senso comune, la *filosofia dei non-filosofi*, appartenente all'uomo delle masse, il quale possiede una visione acritica del mondo eppure estremamente pratica, comprende profondamente la realtà che lo circonda pur non essendo un intellettuale. Al contrario, il ruolo dell'intellettuale non può prescindere dalla comprensione del senso comune e delle pratiche del sapere popolare, perché l'intellettuale che non si appropri di un tale sapere è destinato a rimanere distaccato dalle masse e quindi a non poter dare corpo alla sua teoria.

La separazione tra sapere popolare e sapere scientifico è uno dei problemi fondamentali della cultura sociale sin dall'antichità, dato che ognuno tende a negare valore all'altro, a scapito della ricchezza sociologica della globalità sociale; ma la scienza non può essere con-

---

[217] Tutte le traduzioni dei brani proposti nel presente lavoro, tratti da quest'opera, sono state da me realizzate sul testo della quarta edizione Paz e Terra (1998). Come detto, i numeri di pagina dei brani rinviano al testo in formato pdf reperibile in rete, non avendo avuto la possibilità di consultare l'edizione originale cartacea.

siderata al di fuori dei processi storici, la teoria non esiste *di per sé* e senza l'analisi della realtà storica non può trasformare nulla. Ogni sapere scientifico, ogni scienza sociale deve trasformarsi assieme alla realtà che studia, in quanto una teoria data come conclusa e assoluta non può agire sulla realtà. Per questo l'intellettuale non può pretendere di presentare la sua teoria trasformatrice a un popolo senza prendere parte alla vita di quel popolo, confrontando le sue idee con la pratica quotidiana del soggetto del cambiamento sociale: il lavoro deve essere fatto *con* le classi subalterne, non *su* di esse.

Ciò diventa tanto più evidente quando il discorso prende come esempio le esperienze di emancipazione delle ex-colonie portoghesi in Africa. La figura di Amílcar Cabral, politico indipendentista della Guinea-Bissau e di Capo Verde, è emblematica: agronomo formatosi all'estero, torna nel suo paese per porre fine al periodo coloniale e parla apertamente della necessità per gli intellettuali di compiere un *suicidio di classe*, ossia di rinunciare a proteggere gli interessi della propria classe (la borghesia urbana) e di rivolgersi al popolo per comprenderne i bisogni e i linguaggi, in modo da affrontare la costruzione di un paese indipendente. Questo implica che il *sogno* di una società più giusta non deve essere inteso come un modello prestabilito, costruito da qualche intellettuale e proposto-imposto alle masse: il *sogno* lo si costruisce in maniera collettiva, in un processo che si rinnova costantemente, così come si rinnovano i soggetti che lo promuovono. In assenza di questo dinamismo, la pratica di un partito che si proponga come *popolare* finisce per irrigidirsi, acquisendo un atteggiamento autoritario verso le classi che pretende di salvare (in realtà, tenta solo di dirigerle verso i propri obiettivi).

Riflettendo sulle manifestazioni culturali di resistenza che le masse oppongono alle ideologie dominanti, Freire sostiene che:

> «*la comprensione critica delle espressioni culturali di resistenza delle classi sociali oppresse è fondamentale per la strutturazione di piani d'azione politico-pedagogici. Queste espressioni culturali, che parlano della maniera di leggere la loro realtà e di come si difendono, devono stare al punto di partenza di quei piani. La mobilitazione popolare, che in sé implica il processo di organizzazione, si realizza con più facilità quando si prendono in considerazione quelle forme di resistenza popolare che in modo generale costituiscono ciò*

che chiamo gli "espedienti" degli oppressi. [...] Nella mia esperienza in aree rurali e urbane, non solo brasiliane, ho appreso a percepire, nelle difese che il corpo degli oppressi finisce col creare nelle situazioni più drammatiche, come esso scaltramente si immunizza. È una specie di "vaccinazione" certo precaria, ma senza la quale non resterebbe più niente. Nel dominio più diretto della cultura, senza che si pretenda di allontanare la difesa del corpo da questo dominio, gli espedienti diventano necessari nella lotta contro l'invasione della cultura dominante. È interessante osservare come culti afro-brasiliani hanno "accettato" di assimilare i santi della tradizione cattolica per pura difesa. Credo ancora che nel dominio del linguaggio, al livello di sintassi e di semantica, gli oppressi si affermano e si difendono in maniera scaltra. A volte, dicendo una cosa, ne stanno affermando un'altra: è la forma di difendere la loro verità. Per questo sono convinto che, nella misura in cui penetriamo nelle resistenze per comprenderle, conoscendo meglio le espressioni culturali e il linguaggio delle classi dominate, riusciamo a percepire anche come l'ideologia dominante si incarna, quali sono i vuoti che essa non è riuscita a riempire o che ha riempito solo in apparenza proprio in funzione della resistenza delle classi popolari»[218].

Per questo Freire insiste su una pedagogia della domanda radicale, vissuta nella scuola o nella lotta politica, sostanzialmente democratica e antiautoritaria, nella cui pratica non c'è posto per la dicotomia tra sentire il fatto e apprendere la sua ragion d'essere. La sua critica alla scuola tradizionale non si esaurisce nelle questioni tecniche o metodologiche, nelle relazioni importanti tra educatore ed allievo, ma si estende alla critica dello stesso sistema capitalista.

Faundez, dal canto suo, spiega come il sapere scientifico possa rendere autoritari in virtù del potere che conferisce. Gli intellettuali che si appropriano di questo potere, sminuiscono il sapere non scientifico e il sapere popolare: il senso comune del popolo si mostra come un non-sapere, perciò come un *non-potere*. E questo disprezzo per il sapere popolare allontana gli intellettuali dalle masse, quando invece è una «ricchezza sociologica fondamentale per qualunque atto politico» di trasformazione della società. Se un intellettuale progressista vuole unirsi alle masse, deve rispettare questo sapere e cercare di ap-

[218] P. Freire, A. Faundez, *Por uma pedagogia da pergunta*, cit., p. 29 (pdf).

propriarsene; questo gli permetterà di proporre il suo sapere scientifico, ricevendo a sua volta la sensibilità delle masse, le quali potranno appropriarsi del suo sapere trasformandolo. Il sapere popolare è legato alla nozione di *senso comune*, gramscianamente inteso:

> «*Per Gramsci, "il senso comune è la filosofia dei non-filosofi". Ossia, una concezione del mondo che si presenta come acritica, in vari ambienti sociali e culturali in cui si sviluppa l'individualità dell'uomo medio, dell'uomo "che appartiene alle masse". Io direi che Gramsci contrappone una filosofia dei non-filosofi a quella dei filosofi. Ma lui aggiunge un aspetto importantissimo: "questa filosofia del non-filosofo, che è un filosofo che si ignora". Questo non-filosofo è pure un filosofo, solo che si ignora come tale. Detiene una conoscenza empirica dell'agire sulla realtà, espresso per mezzo di questo linguaggio a cui ti riferisci: attraverso la politica, la musica, le relazioni interpersonali, i costumi, ecc. Penso che questo filosofi che si ignora è un uomo che sente e "conosce" profondamente la sua propria realtà. In questo senso, la filosofia del filosofo che ignora questa filosofia del non-filosofo si allontana dalla realtà creandone una propria, indipendentemente da una realtà globale in cui le masse svolgono un ruolo importante. L'intellettuale, il filosofo che voglia unirsi alle masse, deve appropriarsi di questa conoscenza del senso comune, di questa conoscenza dei non-filosofi, per far sì che la sua conoscenza si arricchisca, che la sua filosofia acquisisca un senso nella trasformazione della vita e della società. In questo modo si ottiene l'unione di teoria e pratica. Questa comprensione scientifica del mondo, questa comprensione coerente e unitaria del mondo che è il rigore del pensiero filosofico, deve acquisire senso (e solo in questo modo può farlo) quando accoglie in sé quest'altra conoscenza, poiché essa è l'elemento altro, è il non-Io, è l'Altro che può trasformare la totalità del mondo. Separate, sono realtà indipendenti; unite, sono realtà attraverso la cui unione si manifesta la totalità. L'unione tra sapere e senso comune è fondamentale per qualsiasi concezione di lotta politica, di educazione, di processo educativo*»[219].

Secondo Freire, il problema di separare i due tipi saperi è lo stesso della separazione tra una prospettiva elitaria e una prospettiva popolare. Esiste sempre il rischio, anche in una lotta sociale progressista,

---

[219] Ivi, pp. 30-31 (pdf).

di diventare elitari nella convinzione che il rigore scientifico sia l'unica giusta soluzione delle contraddizioni sociali. L'altro rischio, in contrapposizione, è quello del basismo[220], con una negazione completa della rigorosità, pertanto nulla di ciò che è scientifico serve a qualcosa, tutta la rigorosità è «puro intellettualismo blaterante». Se nella prima posizione c'è un'enfasi sulla teoria, nella seconda è solamente la pratica a esser valida, ma l'uno *non è* il contrario positivo dell'altro. Faundez approfondisce richiamando nuovamente Gramsci:

> «*Si deve partire dalla realtà e utilizzare il concetto come mediatore per tornare alla realtà; concetto che deve trasformarsi, se si rivela incapace di mostrarci la realtà per come essa si mostra ai nostri occhi, tanto nel suo apparire, nella sua fenomenicità, quanto nel suo essere, nella sua essenzialità. In questo senso un grande esempio, dimenticato da molti latinoamericani, ci viene dato da Gramsci: nell'applicazione del marxismo per comprendere e trasformare la realtà italiana, egli traduceva il marxismo, lo leggeva attraverso la realtà italiana. Essere antidogmatico, questa è la ragione per cui propone nuovi concetti: provocare l'avanzamento delle scienze sociali nella misura in cui parte dalla sua realtà concreta, nella misura in cui la sua preoccupazione fondamentale non è il concetto bensì la realtà. Il concetto altro non è che un mezzo, mai un fine. Ciò che deve importare a noi latinoamericani è la realtà. E come essa si esprime? Fondamentalmente, attraverso le masse che vivono quotidianamente in un modo diverso da quel che noi pensavamo, da quel che ci mostra il concetto. Dobbiamo allora partire da questa realtà, ma il concetto che usiamo per ritornare a questa realtà deve essere scientifico, relativo, deve permetterci di coglierne la creatività, perché sia la realtà a imporre la trasformazione del concetto e non il contrario*»[221].

Erroneamente, per Faundez, si considera la vita concettuale come la realtà, al posto della vita concreta; *rivoluzione* significa invece una nuova concezione della scienza come mediatrice della comprensione

---

[220] Teoria economico-sociale fondata sulle attività "orizzontali" di organizzazioni di base che agiscono direttamente sul territorio; tali attività sono particolarmente diffuse in Argentina, Brasile e Cile. Per estensione, diventa nel discorso di Freire il rifiuto verso la cultura "alta" e la sopravvalutazione delle capacità delle masse popolari.

[221] Ivi, p. 33 (pdf).

e trasformazione della realtà. Sulla scia di queste considerazioni, Freire riflette sulla prassi e sul *sogno* dell'intellettuale, che è politico-sociale: per realizzare tale *sogno* si deve lavorare sulla connessione tra il progetto e le circostanze storiche del contesto, in cui le condizioni oggettive e soggettive sono in relazione dialettica. La realizzazione del sogno richiede dal canto suo che l'intellettuale approssimi quanto più possibile i suoi discorsi alla sua pratica, alla ricerca di un livello ragionevole di coerenza.

> «*Una condizione fondamentale, nella discussione del ruolo dell'intellettuale in rapporto al suo sogno, è che il sia un sogno possibile da realizzare e che la realizzazione sia da perseguire nelle concrete condizioni in cui si trova. Alla fine non si realizza il sogno a partire da lui, in se stesso, bensì dal concreto in cui è collocato. Per questo è necessario comprendere il presente non solo come un presente costellato di limitazioni, ma anche come un presente di possibilità. È poi necessario intendere il sogno come una cosa che ha bisogno di un lavoro di costruzione, non come qualcosa di predefinito; la realtà storico-sociale è una cosa che si costruisce e non un qualcosa di già dato, come ho sostenuto anche in altre occasioni. Tra un numero infinito di domande – ancora una volta le domande – che mi devo sempre fare nel compimento e per il compimento del mio compito, non inteso come qualcosa di puramente individuale, una domanda sarà: con chi realizzo il mio sogno? Se nel domandarmi questo mi rifiuto di comprendere il significato più profondo di con chi, sembrerà che nel mio discorso resto tutt'al più al livello di per chi realizzo il sogno. E realizzare o tentare di realizzare il sogno in tali condizioni significa agire sulle e non con le masse popolari. In questo caso, insomma, se lavoro sulle e non con le classi popolari, contraddico il discorso rivoluzionario a proposito della creazione di una società giusta. Le classi lavoratrici, anziché essere considerate come agenti della concretizzazione del sogno e quindi come soggetti storici, passano a essere nel migliore dei casi beneficiarie della realizzazione del sogno. E questo non basta. In questo modo non importa la veemenza dei discorsi che faccio, non importa quel che annuncio, se lavoro semplicemente per le classi popolari e non con esse, divento ogni volta più elitario. Comincio ad ammettere che il sogno debba essere realizzato da quadri specializzati, competenti, generosi, eroici, il cui compito (giacché non possiamo realizzare la trasformazione da soli) sia quello di orientare le masse finché al mo-*

mento stabilito si compia la trasformazione. In tale maniera, il sogno viene offerto alle classi popolari e lavoratrici, della cui realizzazione non partecipano come soggetti. Questa non è, in verità, la mia prospettiva. Quando mi domando con chi realizzare il sogno, rispondo: con le classi sociali dominate con le masse popolari e tutto coloro i quali, pur appartenendo a una classe diversa da quella dell'operaio, tentano di fare quel che Amílcar Cabral ha definito "suicidio di classe"»[222].

Il punto di partenza della trasformazione sociale sta nella comprensione delle classi popolari, immergendosi nelle acque storiche e culturali, nelle aspirazioni, nei dubbi, negli aneliti, nelle paure. Il ruolo dell'intellettuale acquista senso solo nella misura in cui questo si compie *con* le classi lavoratrici e non *per* esse.

«*Mi pare che quanto ho detto ha a che vedere con una osservazione che lessi tempo fa in un'opera di Mao, quando, riferendosi a talune incoerenze, taluni sbagli degli intellettuali, affermava che soltanto nella comunione e nella comunicazione con le masse popolari, nella prassi, era possibile superarli. Non posso capire un intellettuale che sogna una trasformazione radicale assumendo il suo ruolo, di qualunque tipo sia, lontano dalle classi popolari, prescrivendo loro la sua ricetta di governo e direzione. È chiaro però che se l'opzione dell'intellettuale è di preservare il sistema capitalista, attraverso meri e opportuni aggiustamenti, la sua coerenza starà nell'essere sempre esattamente sopra, dando l'impressione di essere per le classi popolari. Il suo ruolo sarà di perfezionare i meccanismi di riproduzione dell'ideologia dominante*»[223].

Proseguendo in queste riflessioni politiche, i due interlocutori approfondiscono il tema della differenza e dell'identità, a partire da una considerazione di José Carlos Mariátegui: l'idea chiave è che la conoscenza di se stessi passa attraverso la conoscenza degli altri, la comprensione dei propri segreti viene mediata dalla scoperta dei segreti altrui, tanto sul piano individuale quanto sul piano collettivo.

---

[222] Ivi, p. 35 (pdf).

[223] Ivi, p. 36 (pdf). L'opera cui si riferisce è probabilmente *Sulla giusta soluzione delle contraddizioni in seno al popolo*. Cfr. Z. Mao, *Scritti filosofici*, cit.

Se la differenza, sostengono gli autori, è mediatrice dell'identità, bisogna sottolineare quanto forte sia la tendenza a eliminare le differenze pur di affermare un'identità, in particolar modo nell'ambito dello sviluppo dei moderni Stati-nazione. Esiste sempre un gruppo sociale che pretende di dare unità alla nazione, ma questa unità non concilia le differenze culturali, tentando invece di annullarle o ridurle per quanto possibile nella costruzione di una cultura nazionale. La ricchezza che la diversità sociale può portare alla nazione sarebbe fruibile se le diversità partecipassero insieme alla costruzione della nazione stessa, realizzando così l'unità attraverso le diversità, ma questo implicherebbe il superamento della concezione dello Stato moderno come conformazione a un modello culturale imposto dal gruppo dominante. Anche qui l'esempio africano è fondamentale: la fine del colonialismo comporta la scelta tra una politica di costruzione dell'indipendenza, tanto economica quanto culturale, e una politica di compromesso con gli ex-colonizzatori, ossia *neocolonialista*, per via dei mezzi a disposizione di questi per "aiutare" i nuovi cittadini, mantenendo su di essi un controllo latente. In questo secondo caso si mantiene viva una forma di scissione tra l'*élite* dominante e le masse popolari, come ai tempi della colonia, per cui il sapere detenuto dalla classe dirigente è in se stesso scientifico e superiore rispetto al sapere popolare; si tratta di un dominio ideologico per il quale le idee dell'*élite* vengono proposte come idee di tutta la nazione, privando di fondamento l'interazione con le manifestazioni culturali considerate inferiori. Faundez riprendere dunque Mariátegui:

> «*vorrei citare una frase in cui egli ricordava la sua partenza per l'Italia, all'epoca in cui Gramsci teorizzava su una concreta pratica politica in Italia. Senza dubbio, se Mariátegui non conobbe le riflessioni di Gramsci, conobbe almeno la pratica della classe operaia e delle masse popolari italiane oggetto delle teorie dell'intellettuale sardo, in modo tale che si può affermare una certa prossimità fra Mariátegui e Gramsci. Penso che la frase di Mariátegui riassume molto bene le nostre posizioni sull'importanza dell'Altro per il nostro auto-conoscimento: "viaggiamo all'estero non per scoprire i segreti degli altri, ma per scoprire il segreto in noi stessi". Mariátegui vide con chiarezza che la sfida di scoprire il segreto dell'Altro è la mediazione che ci porterà a scoprire il segreto in noi stessi; da qui, l'importanza della differenza, di entrare nel segreto dell'Altro per*

comprendere il nostro. Questo, tanto sul piano individuale come sul collettivo, sul piano della persone come della massa, dei gruppi sociali ecc.»[224].

Propone così un quadro teorico che parte dalla Rivoluzione francese, in cui lo Stato moderno in quanto Stato-nazione si conforma all'esigenza autoritaria di un gruppo sociale che impone unità alla nazione, riducendo ed eliminando le differenze culturali che potevano esistervi. Ovvero, fin dalla formazione dello Stato moderno persiste la tendenza a raggiungere l'unità attraverso l'*annullamento* della diversità, quindi dell'Altro, in quanto elemento che poteva arricchire l'unità. Tale concezione di Stato moderno ispira non solo gli Stati costituiti e strutturati dalle politiche conservatrici, ma orienta anche la strutturazione degli Stati progressisti, attraverso un'unità imposta da un gruppo sociale o culturale. Si respinge in tal modo l'unità *attraverso* la diversità, l'unità partecipativa delle differenze sociali e culturali che devono conformare lo Stato-nazione. Ciò tocca un punto essenziale, il problema di una cultura nazionale. E qui Faundez incalza l'interlocutore con una serie di domande:

«Che cos'è una cultura nazionale? Che cos'è una cultura popolare? Perché possiamo rispondere a queste domande, io vorrei provocarti nella riflessione su questa problematica della costituzione di una nazione attraverso culture diverse, soprattutto nei paesi africani, dove lo Stato-nazione dovrebbe costituirsi nel rispetto delle differenze culturali. Come vivi, o hai vissuto, questa esperienza al livello politico e pedagogico? Quali condizioni storiche sarebbero necessarie affinché queste differenze possano partecipare alla costruzione di una nazione il cui obiettivo fosse costituirsi come unità delle diversità? In base alle tue esperienze e riflessioni, quali errori sono stati commessi, quali elementi dovevano essere tenuti in considerazione perché la politica di costruzione della società giudicasse necessaria la partecipazione dell'Altro? Quali elementi dovrebbero essere considerati nel nostro lavoro pedagogico di modo che tutte le individualità e collettività partecipino alla costruzione di una nuova società?»[225].

---

224 Ivi, p. 44 (pdf).

225 Ivi, p. 45 (pdf).

Freire non ha dubbi sul fatto che sia questo il problema fondamentale dell'Africa nella sua lotta per l'indipendenza. Bisogna determinare se il nuovo Stato sia orientato a una reale indipendenza, oppure al mantenimento di una dipendenza neocoloniale. La scelta non è per nulla semplice: i vecchi colonizzatori dispongono di mezzi economici e politici sufficienti a fare pressioni sugli ex-colonizzati perché restino in una posizione di indipendenza *apparente*. In tale posizione, le espressioni culturali e la creatività continuano a essere minimizzate e considerate inferiori, come in epoca coloniale. La distanza tra le masse popolari nazionali e la piccola *élite* dominante locale, cui è delegato il potere metropolitano, rimane profonda:

> *«Amílcar Cabral non solo affermò, ma visse quello che chiamava "suicidio di classe" esattamente per ingaggiare una lotta contro la perpetuazione del colonialismo. Un suicidio di classe da lui visto e inteso come l'unica maniera che gli intellettuali di una piccola borghesia africana (sottomessi allo sforzo di assimilazione della cultura e del potere delle classi dominanti metropolitane) avevano per contribuire in forma efficace alla lotta di liberazione del loro paese. Dice Cabral: "Per non tradire questi obiettivi – quelli della liberazione – la piccola borghesia ha una sola via: rafforzare la sua coscienza rivoluzionaria, ripudiare le tentazioni connaturate alla sua mentalità di classe, identificarsi con le classi lavoratrici, non opporsi allo sviluppo normale del processo della rivoluzione. Questo significa che, per svolgere pienamente il ruolo che le spetta nella lotta di liberazione nazionale, la piccola borghesia rivoluzionaria dovrà essere capace di 'suicidarsi' come classe per resuscitare nella condizione di lavoratore rivoluzionario, interamente identificato nelle aspirazioni più profonde del popolo cui appartiene. Questa alternativa – tradire la rivoluzione o suicidarsi come classe – costituisce il dilemma della piccola borghesia nel quadro generale della lotta di liberazione nazionale."[226] In verità, è impossibile pensare la questione culturale fuori da una prospettiva di classe, senza riferimento al potere di classe. È in funzione del potere di classe che la cultura egemone, esprimendo la posizione della classe dominante, intende se stessa come l'unica valida espressione reale della nazione. Il resto è infe-*

---

[226] Amílcar Cabral, "A arma da teoria – Unidade e luta", in *Obras Escolhidas de Amílcar Cabral*, Seara Nova, Lisboa 1976, v. 1, pp. 212-13 (nota originale degli autori).

riore, è brutto. Lo stesso accade, naturalmente, con il suo linguaggio, con la sua sintassi, considerata come l'unica esatta – il cosiddetto standard culturale – cui le classe lavoratrici devono semplicemente piegarsi. Queste considerazioni mi fanno ricordare cosa dicono Marx ed Engels nella Sacra famiglia: "la classe che impera materialmente nella società, impera anche spiritualmente".[227] *Le sue idee sono le prevalenti nella società. Ma, oltre a far prevalere le sue idee, la classe dominante ancora tenta, attraverso il potere della sua ideologia, di far credere a tutti che le sue idee sono idee della nazione. Non sarebbe nel loro interesse dire la verità. Legata al potere economico e a quello politico, la cultura dominane tende a imporre a tutte le espressioni culturali la sua "superiorità"; per questo la decantata multiculturalità di certe società non esiste. Per avere realmente multiculturalità, sarebbe necessario che ci fosse una certa unità nella diversità. E l'unità nella diversità presuppone il mutuo rispetto delle differenti espressioni culturali che compongono la totalità»*[228].

In una società che sperimenta differenze etnico-culturali, i movimenti interessati alla trasformazione rivoluzionaria devono necessariamente includere nel loro sogno la questione dell'unità nella diversità, e ciò non vale solo per la situazione africana, ma anche per quella latinoamericana:

«Mi ricordo adesso di una delle mie conversazioni con Fernando Cardenal[229] *e, credo, con Ernesto Cardenal*[230] *durante la mia prima visita al Nicaragua da poco liberato, quando mi sforzai di dare un contributo, per minimo che fosse, al suo popolo, che prendeva in mano la sua storia. Il tema principale di una di tali conversazioni fu esattamente il modo in cui si doveva comportare la Rivoluzione in relazione agli indios mesquitos. La mia posizione, come quelle di Fer-*

---

[227] K. Marx e F. Engels, *Ideología Alemana*, D.F. Ediciones Vita Nuova, México, 1938, p. 75 (nota originale degli autori; cfr. *L'ideologia tedesca*, trad. it., Editori Riuniti, Roma 1958, Capitolo II).

[228] Ivi, pp. 46-47 (pdf).

[229] Fernando Cardenal (1934) è un gesuita e teologo della liberazione nicaraguense, ministro dell'educazione durante il governo sandinista tra il 1984 e il 1990.

[230] Ernesto Cardenal (1925), fratello di Fernando, è un poeta e sacerdote, conosciuto soprattutto per la sua opera di artista, ma anche come uno dei maggiori difensori della Teologia della Liberazione.

nando e di Ernesto, era che ci fosse necessità di rispettarli. La questione che si poneva non era di imporre loro l'alfabetizzazione in spagnolo, lingua che non parlavano, ma di incorporarli nella Rivoluzione attraverso progetti economici per la loro regione, cui unire progetti culturali dove trovasse spazio anche la questione della lingua. La Rivoluzione non avrebbe corso alcun rischio, come di fatto non ne corse, se avesse rispettato il creolo di formazione inglese che loro parlavano. L'unità nazionale doveva essere forgiata nelle diversità e non nell'imposizione, da cui sarebbe risultata una artificialità. Mi ricordo del mio discorso quando conversavamo senza divergenze sul tema. Sarebbe importante, dicevo io, che i giovani che andassero nell'area indigena si presentassero come rappresentanti della Rivoluzione, parlando di cosa si faceva nel paese nel campo dell'alfabetizzazione, lasciando chiaro che la Rivoluzione non voleva alfabetizzarli in spagnolo. Ciò che voleva era conversare con loro su se stessa e ascoltare cosa essi avevano da dirle, quali fossero i loro sogni e le loro speranze. Sono sicuro, dicevo io, che se si facesse qualcosa del genere, ci si guadagnerebbe di più. La mia posizione, però, non era quella di chi pensa o agisce per puta tattica. Ero e sono convinto che quello fosse un imperativo rivoluzionario. Insisto che una posizione come questa ha a che vedere con un compromesso rivoluzionario democratico davanti all'organizzazione e riorganizzazione della società. In una prospettiva autoritaria, al contrario, si decreta in nome della rivoluzione ciò che deve essere fatto»[231].

Esperienze differenti, ma somiglianti al tempo stesso. Secondo Faundez, è questa la grande sfida dei paesi africani, che si riflette nella realtà latinoamericana: «*abbiamo scoperto l'America Latina in questa prospettiva, poiché siamo passati da queste differenze nella scoperta dell'Altro, dell'Africa. Sono convinto che, se abbiamo una maggiore coscienza della necessità di rispettare la cultura-altra in America Latina, è perché lo abbiamo appreso in Africa*». Il discorso verte poi sul problema della cultura nazionale e popolare, se questi due concetti siano o meno antagonisti e come potrebbero sfociare in un progetto unitario. Freire ritiene che per la classe dominante la cultura *nazionale* sia quel che fa parte del *suo* universo di idee, credenze,

[231] *Ibid.*

gusti (universo di classe). D'altro canto, le classi popolari non si riconoscono in molti degli aspetti considerati nazionali dalle *élite*; al contrario sono, in molti casi, l'espressione di un potere di classe che le considera inferiori. Si devono perciò reinventare criticamente la cultura e il linguaggio:

> «*prendiamo quest'ultimo, che non può essere pensato al di fuori dei rapporti di classe, delle condizioni economiche e del potere: chi stabilisce che un certo modo di parlare è quello giusto, quello colto? Se ce n'è uno che è colto, ce n'è un altro che è incolto; a chi appartiene l'uno e a chi l'altro? Chi stabilisce che il linguaggio dei bambini del popolo è sbagliato, è carente? Chi parla dell'incapacità di astrazione, della mancanza di coerenza nel linguaggio delle classi popolari dominate? Tutto ciò è fatto da chi detiene il potere e in funzione di esso, cioè al servizio dei suoi interessi. Chi ha il potere economico marca e definisce chi non lo ha. Per questo le classi dominate possono marcare e definire le dominanti solo quando, prendendo loro il potere, lo reinventano. Pertanto mi sembra che la trasformazione del modo di produzione capitalista in socialista deve orientarsi anche verso la creazione di una nuova sintassi; in questo modo, a poco a poco, si passerebbe ad avere non più il linguaggio dei dominanti, con la sua grammatica quale strumento di potere, non più il linguaggio "sbagliato" dei dominati, considerato inferiore e illogico, bensì una specie di sintesi dialettica dei due, il superamento del dominio di un linguaggio sull'altro*»[232].

Per Faundez, in una cultura nazional-popolare dovrebbero partecipare tutti gli elementi costitutivi della società, concorrenti alla creazione di una nuova concezione del potere e del linguaggio, in modo tale che il nazionale includa tutto ciò che è popolare e tutto ciò che non lo è. Insomma, la società deve basarsi sul dialogo e sulla partecipazione, in cui ognuno abbia una *porzione* di potere, e la somma di queste porzioni costituisca il potere come tale. Freire aggiunge un ricordo personale del periodo di Ginevra:

> «*C'è un altro punto da aggiungere alle nostre considerazioni, in relazione all'orientamento della produzione in una visione distinta*

[232] Ivi, p. 50 (pdf).

del progetto di sviluppo, senza cui fallisce la nostra proposta culturale. Quando ancora lavoravo per il Consiglio Mondiale delle Chiese e fornivo consulenza al governo della Guinea-Bissau assieme a una squadra dell'Istituto di Azione Culturale[233] *nel campo dell'educazione, in particolare degli adulti, ho conversato spesso con l'economista brasiliano Ladislau Dowbor, che all'epoca era consigliere del Ministero della Pianificazione Economica della Guinea-Bissau. Le nostre conversazioni vertevano sulla comparazione del potere dei discorsi progressisti o rivoluzionari sull'educazione e la cultura, del potere delle innovazioni introdotte nel sistema scolare, con il potere contrario, derivante dalla messa in pratica di progetti economici suggeriti o inculcati nella dirigenza da qualche multinazionale. "A volte", diceva Dowbor, "il destino di una società come questa si decide in una notte, con l'accettazione di due progetti economici che distorceranno il cammino tracciato verso la reinvenzione dell'educazione e della cultura". La dimensione politica dell'orientamento della produzione ha necessariamente a che vedere con la partecipazione attiva delle masse popolari. Ritorno così a un aspetto cui ti riferivi enfaticamente quando parlavamo della reinvenzione del potere: la crescente partecipazione popolare alla gestione del potere, che non avviene se le masse popolari non partecipano in nessuna maniera al progetto economico per la società. Qual è lo spazio di partecipazione nell'atto produttivo? Le masse popolari, magari attraverso canali di espressione del potere locale, vengono consultate su cosa produrre? Cosa e per chi? È una domanda che probabilmente farà ridere qualche burocrate al potere o candidato a esso, che decide da solo perché già sa cosa deve fare. Per me, nella misura in cui già sappiamo cosa va fatto, non si reinventa il potere, semplicemente ce ne si appropria, lo si fa cambiare di mano*»[234].

Faundez riporta allora vari esempi di sviluppo produttivo che sono stati promossi come soluzioni di problemi in paesi africani:

«*nella Guinea Equatoriale determinate organizzazioni di aiuto che manifestano la volontà di contribuire alla risoluzione dei problemi del popolo di Guinea hanno proposto l'aumento della produ-*

[233] *Instituto de Ação Cultural* (IDAC), fondato a Ginevra nel 1970 da Freire in collaborazione con altri esiliati brasiliani, per fornire consulenza a movimenti popolari di vari paesi.

[234] Ivi, p. 51 (pdf).

zione peschiera, coscienti della malnutrizione che colpisce la popolazione e che quindi è necessario aumentare l'apporto proteico nell'alimentazione; pertanto hanno coadiuvato la meccanizzazione della produzione e la conservazione di quanto viene prodotto, mediante refrigerazione. Ma la produzione di ghiaccio in un paese tropicale richiede, al pari di un paese europeo, l'uso di energia, e dove trovarla? L'energia è prodotta tramite l'elettricità o il petrolio, ma come ottenerla in un paese che non possiede elettricità e difficilmente può comprare petrolio? Non ci sono dubbi che a questo punto è possibile valorizzare le tecniche popolari di conservazione tradizionalmente usate dalla gente di Guinea: tali tecniche impiegano energia ricavabile dalla natura circostante, provenendo o dal fuoco (in un paese pieno di foreste, la legna è alla portata di chiunque) o dal calore del sole (in un paese tropicale, il sole splende tutto l'anno). Ed ecco che la conservazione dei prodotti è un problema risolto dalla tecnica tradizionale. [...]Posso portare un altro esempio che pure mi sembra interessante: sono appena giunto dallo Zaire, venendo da una regione [...] in cui, già prima dell'arrivo dei colonizzatori, c'era la tradizione di ciò che si dice "la civiltà del grano". Il popolo semina il grano e vive in funzione di questa forma di produzione, che struttura la società in un determinato modo. A quell'epoca aveva senso una tale civiltà, perché la terra permetteva questa forma di produzione per risolvere il problema dell'alimentazione. Ma come la colonizzazione ha decimato i boschi e trasformato un suolo ricco in una terra povera, la civiltà del grano un senso non lo ha più. Allora, il popolo deve cercare nuovi modi per risolvere il suo problema fondamentale della denutrizione permanente, che persiste già da decine di anni. C'è un progetto italo-zairese, patrocinato dalla FAO, per introdurre nuove colture e nuove tecniche di coltivazione. Queste tecniche corrispondono a quelle europee, che impiegano la meccanizzazione, ma la meccanizzazione, Paulo, durerà il tempo del progetto; quando questo sarà concluso, rimarranno i trattori e le macchine che richiederanno valuta estera per continuare a funzionare in un paese la cui produzione non può competere al livello internazionale per acquistare tale valuta. Così, da un lato si pretende di introdurre tecnologie non adatte alla conoscenza popolare, senza chiedersi quali conoscenze possieda il popolo per poter risolvere il problema di alimentazione; dall'altro si pretende di introdurre nuove coltivazioni, forse di tenore proteico più elevato come la soia, il mais ecc., senza scoprire assieme al popolo quale ne sia il grado di accettazione culturale e fisica, perché non si può pensare che qualsiasi alimento possa essere sopportato culturalmente, o fisicamente, da un determinato popolo»[235].

Questi esempi, secondo Freire, rivelano come persino tra le istituzioni mosse dall'intenzione di aiutare si ritrovi la presenza dell'ideologia autoritaria, che sopravvaluta la conoscenza scientifica e la tecnologia avanzata, mentre disprezza la sapienza popolare. Questa ideologia *immunizza* dal pensare che le classi popolari di qualsiasi paese abbiano appreso, nella loro pratica sociale, a sviluppare tecniche per la produzione e la conservazione degli alimenti; l'*incompetenza* della popolazione è considerata *naturale*. Inoltre si dimostra ancora una volta come le domande primarie si perdano, schiacciate dalla forza di risposte già presenti. Il progetto di aiuto allo sviluppo di questi popoli dovrebbe invece proporsi non solo di scoprire insieme a essi di cosa c'è bisogno, ma anche scoprire le forme tradizionali di soddisfare la richiesta. Soltanto in seguito è possibile proporre tecniche sviluppate da altre culture, tecniche semplici di cui il popolo può appropriarsi rapidamente. Pertanto tutto questo processo educativo deve cominciare a partire dalla conoscenza empirica condivisa dal popolo. Per Faundez, sebbene le iniziative esemplificate costituiscano un tentativo d'aiuto concreto perché i popoli possano risolvere da se stessi i propri problemi, le proposte di questi organismi sono destinate al fallimento se non tengono in conto gli elementi culturali, la conoscenza empirica e le necessità reali del popolo. Freire risponde con una sua esperienza simile a São Tomé e Príncipe con alcuni gruppi di alfabetizzati:

«*Uno dei partecipanti lavorava presso il Ministero della Salute come agente popolare sanitario. Davanti agli allievi si rivelò uno straordinario educatore. La parola generatrice con cui doveva lavorare era salute. Preferì inscenare una situazione della vita coloniale a guisa di codificazione: fu una esperienza bella, cui ebbi il piacere di assistere, nella quale usò la sua fisicità in maniera eccellente; fece teatro, balletto, musica, tutto con il corpo e la voce. In effetti propose al gruppo di allievi di "leggere" il suo corpo, di apprendere l'unità del suo corpo con le parole che pronunciava, fino*

[235] Ivi, p. 54 (pdf).

a raggiungere la parola generatrice salute. Infine fu esattamente nella messa in scena, nel dialogo, traendo le risposte alle sue varie domande sull'alimentazione per arrivare a quella parola, che il gruppo espresse la stessa relazione tra uova, latte e perdita di salute. "I colonizzatori incutevano nella mente dei colonizzati che mangiare l'uovo era pericoloso. Perciò, invece di mangiare le uova delle loro galline, i colonizzati le vendevano ai colonizzatori a un prezzo assolutamente accessibile". In fondo la credenza nel male che l'uovo potesse causare aveva ragion d'essere nell'interesse dei colonizzatori a conservare per se stessi le uova. Ecco, ricordando questa storia in relazione al quella che raccontavi tu, mi chiedo quanto sarebbe interessante scoprire anche in quel caso le remote ragioni della credenza nella nocività di latte e uova per i bambini. A ogni modo hai ragione quando dici che non sarà un discorso medico o pedagogico a rompere quella tradizione, probabilmente molto antica. Il superamento di essa dovrebbe cominciare non dal discorso in sé, ma dalla pratica, evidenziando come l'uovo non faccia male, mangiandolo davanti alle madri perché esse vedano, associando poi a questa pratica la conoscenza della ragion d'essere della credenza»[236].

Qualsiasi programma sanitario, secondo gli interlocutori, deve cominciare dal sapere quali sono le conoscenze di salute di un determinato popolo, valutare quanto di positivo ci sia e implementarlo; allo stesso modo, deve approfittarne per comprende le ragioni del rifiuto di certe tecniche, di taluni metodi di prevenzione e cura, di alcune forme d'uso dei medicinali. Se questi elementi non vengono scoperti ed eliminati, diventa impossibile l'accettazione di risposte appropriate che vengono da fuori. Ed è in questo che consiste il compito fondamentale dell'intellettuale, dell'educatore-politico (così come del politico-educatore): nel comprendere e sintetizzare il sapere popolare con il sapere scientifico che già possiede.

236 Ivi, p. 55-56 (pdf).

II. Programma di Educazione Morale e Civica, 1970

L'insegnamento di «Educazione Morale e Civica», di cui viene riprodotto di seguito uno dei programmi adottati, è un esempio ottimale dell'impostazione nazionalista, etico-confessionale e anticomunista della dittatura militare brasiliana (1964-1984). L'obiettivo di tale insegnamento, reso obbligatorio a partire dal 1969 in tutti i gradi del sistema educativo, era lo sviluppo dello *spirito civico* attraverso una pratica educativa in cui gli *alti valori umani* servissero all'integrazone dei cittadini nella vita sociale; tali valori riguardavano il culto della nazione, la valorizzazione della famiglia e la dignità del lavoro. La preparazione del cittadino al lavoro e alla vita in società era indirizzata verso i propositi del regime militare, intesi come formazione permanente dell'uomo secondo il *carattere nazionale* dei valori condivisi[237]. L'enfasi su questo carattere nazionale implicava non solo la valorizzazione della cultura letteraria, artistica, religiosa e familiare *tradizionale*, così percepita secondo il sentire comune, gli usi e i costumi tipici ecc., ma anche – in forme intransigenti – nel progressivo rifiuto di tutto ciò che fosse considerato, a vario titolo, *estraneo* a tale carattere, escludendo di fatto influenze esterne secondo valutazioni artificiose.

Pareva sussistere una fondamentale tensione contraddittoria nella scelta dei temi, per cui, da un lato, si tentava di condannare ogni tipo di idea contraria al nazionalismo, in primo luogo il marxismo e le idee politiche democratiche e liberali sul piano individuale, mostrandone la fallacia; dall'altro, si ribadivano i caratteri "democra-

[237] Cfr. E. Rodrigues, G. Inácio Filho, *Educação Moral e Cívica e Ensino de História, aportes disciplinares de formação: um estudo comparado*, in «Revista HISTEDBR On-line», Campinas, n. 45, p. 139-152, marzo 2012. Il testo è liberamente scaricabile in formato pdf all'indirizzo:
https://www.researchgate.net/publication/312646640_Educacao_moral_e_civica_e_ensino_de_historia_aportes_disciplinares_de_formacao_um_estudo_comparado.

tici" del Brasile, la sua natura costituzionale e repubblicana, la sua collocazione nel cosiddetto *mondo libero*, l'importanza dei diritti individuali sanciti, per esempio, dalla *Dichiarazione universale dei diritti umani*. La realtà del regime dittatoriale, delle repressioni e della sospensione delle dinamiche democratiche e partecipative liberali, era infatti presentata come una fase transitoria di emergenza, per la difesa del Paese contro le forze rivoluzionarie interne ed esterne che minacciavano di... *instaurare regimi liberticidi*. In sostanza, al di là della relativa libertà di insegnamento concessa ai docenti (che in parte contribuiva a rendere le lezioni un'occasione di dibattito), l'educazione *morale* e *civica* serviva a uniformare valori etici e azioni sociali, secondo un principio identitario che escludeva, o tentava di escludere, elementi eterodossi e *devianti* dal modello di cittadinanza prospettato e imposto dal governo militare.

Tuttavia, la tensione manipolatrice (come potrebbe definirla Freire) di questo insegnamento era legata in particolare agli interessi del regime dittatoriale, non alla natura in sé della materia; l'educazione morale e civica sarebbe rimasta nel curriculum scolastico come disciplina e pratica ufficiale anche dopo la riapertura democratica nel 1985, fino a essere revocata nel 1993 per ricollocare i suoi parametri nelle altre discipline umanistiche[238].

Il programma riportato di seguito[239] si riferisce a un corso tenuto nel novembre del 1970, dalla docente Advenir de Souza Lima. Il lavoro, come segnalato nelle note di apertura, è stato realizzato con la collaborazione degli allievi della Facoltà di Filosofia, Scienze e Lettere di Mogi das Cruzes, nello Stato di São Paulo. Le lezioni si sono svolte nel mese di novembre, in ognuna delle quali è stato affrontato un gruppo di differenti tematiche, volte a stimolare la discussione in-

---

[238] *Lei n. 8.663/93*, art. 2: «La carica oraria destinata alle discipline di Educazione Morale e Civica, di Organizzazione Sociale e Politica del Brasile e di Studi dei Problemi Brasiliani, nei curricoli di scuola elementare, media e superiore, così come l'obiettivo di formazione della cittadinanza e della conoscenza della realtà brasiliana, dovranno essere incorporati, secondo il criterio delle istituzioni e del sistema scolastici, nelle discipline dell'area di Scienze Umane e Sociali» (traduzione mia). Il testo è consultabile in rete all'indirizzo: https://presrepublica.jusbrasil.com.br/legislacao/127628/lei-8663-93.

[239] Il testo completo delle lezioni, in lingua portoghese, è liberamente scaricabile in formato pdf all'indirizzo: http://livros01.livrosgratis.com.br/me002124.pdf; la traduzione del brano riportato è mia.

dirizzandola verso una corretta impostazione. Si possono notare vari elementi che rivelano questo indirizzamento: l'inizio del corso dedicato alla religione in quanto visione fondante del mondo e dell'essere umano; l'uso di maiuscole per alcuni termini (Spirito, Creatore, Religione, Morale ecc.), per evidenziarne la diversa importanza rispetto ad altri (materia, creatura ecc.) e intenderli in senso ontologico[240]; l'anteposizione dei *doveri* ai *diritti*; la sospensione occasionale dei diritti e delle garanzie per la sicurezza nazionale; la differenza tra democrazia e comunismo sulla base della contrapposizione tra spiritualità e ateismo[241].

MINISTERO DELL'EDUCAZIONE E DELLA CULTURA

Direzione della Scuola Secondaria
Ispettorato Sezionale di S. Paulo

CORSO DI EDUCAZIONE MORALE E CIVICA

Orario: dalle 13 alle 17
3° Periodo da 17 a 19 e da 24 a 26 novembre 1970

ADVENIR DE SOUZA LIMA – Tecnica dell'Educazione del MEC – Prof.ssa di Orientamento educazionale e Amministrazione scolare (Struttura e Funzionamento della Scuola di 2° grado).

Lavoro realizzato con la collaborazione di allievi dei corsi di Perfezionamento filosofico, Perfezionamento pedagogico e di Orientamento educazionale della Facoltà di Filosofia, Scienze e Lettere di Mogi das Cruzes.

---

240 Sull'uso delle maiuscole e le sue ambiguità nel linguaggio concettuale e politico, che muove da una tendenziale impossibilità di dibatterne la natura e il contenuto, cfr. F. Jesi, *Cultura di destra*, Garzanti, Milano 1979.

241 Caratteristica della politica conservatrice americana, soprattutto statunitense, durante la guerra fredda, già presente nella cultura ottocentesca e accentuata nel corso del XX secolo. Bisogna comunque sottolineare (come si è visto *supra*, 2.1.3) che nel contesto latinoamericano il comunismo è stato strettamente legato alla spiritualità cristiana, accentuandone aspetti diversi da quanto rinvenibile nella cultura liberal-conservatrice.

PROGRAMMA

17 novembre (martedì) 1° giorno

1 – L'armonia dell'Universo. Dio e il mondo.
2 – Concetto di Uomo, Spirito e materia.
3 – Concetto di Religione – collegamento della creatura al Creatore. Rispetto a tutte le forme di Religione, come differenti cammini. Il significato della preghiera.
4 – Dio, etica, morale.
5 – Religiosità, dignità della creatura umana, diritto alla libertà.
6 – Fondamenti della libertà.
7 – La Religione come base della Morale.

18 novembre (mercoledì) 2° giorno

8 – Il carattere. Senso morale: fermezza delle convinzioni e forza di volontà. La formazione del carattere.
9 – Nozioni di Assiologia. Valori soggettivi e valori oggettivi; permanenti ed effimeri. Scala e gerarchia di valori.
10 – Azioni umane, loro fine e moralità.
11 – Virtù morali e virtù civiche. L'abitudine.
12 – Doveri e diritti morali, doveri e diritti civici.
13 – Elementi basilari della nazionalità.
14 – La terra; principali caratteristiche.

19 novembre (giovedì) 3° giorno

15 – L'uomo. I gruppi etnici formatori e i loro contributi.
16 – Le Istituzioni, caratterizzate da valori permanenti. Famiglia, Chiese, Forze Armate, Stato, Scuola, Lavoro, Giustizia.
17 – Lo spirito religioso del brasiliano; origine ed evoluzione.
18 – Le basi filosofico-teiste, aconfessionali della Costituzione. Le basi dell'educazione nazionale.
19 – Caratteristiche giuridiche della Costituzione. Federazione e Regime Rappresentativo. I Poteri: Legislativo, Esecutivo e Giudiziario.
20 – La Sicurezza Nazionale. I diritti politici, diritti e garanzie individuali; sospensione occasionale.

24 novembre (martedì) 4° giorno

21 – La famiglia, l'educazione e la cultura.

22 – La democrazia brasiliana, come filosofia e stile di vita e come regime politico.

23 – Le responsabilità dell'uomo nella società. Atti illeciti; crimine e contravvenzione.

24 – La Patria Brasiliana: ideali, caratteristicche fisiche e storiche.

25 – Volti nazionali; qualità di carattere che ispirano la costruzione costruttiva.

26 – I Simboli Nazionali; conoscenza e uso.

25 novembre (mercoledì) 5° giorno

27 – Il Voto e il Servizio Militare. Espressioni di civismo

28 – Il Civismo come carattere, patriotismo e azione.

29 – Sintesi dell'organizzazione socio-politico-economica del Brasile.

30 – Problemi brasiliani e della comunità. Possibilità di partecipazione dell'educando.

31 – Relazione tra persona, famiglia e comunità.

32 – Il lavoro e la giustizia sociale in Brasile.

33 – Interdipendenza di educazione e sviluppo; prospettive della gioventù.

26 novembre (giovedì) 6° giorno

34 – Il Brasile e il mondo.

35 – Integrazione nel mondo occidentale.

36 – Le principali strutture sociali contemporanee: la democrazia, spiritualista; il comunismo, ateo.

37 – La necessità della democrazia di basarsi su valori spirituali e morali per l'uso responsabile della libertà.

38 – La fallacia del comunismo; negazione della libertà sociale.

39 – Doveri e diritti fondamentali dell'uomo.

40 – La dichiarazione universale dei diritti degli uomini (ONU) e la dichiarazione americana dei diritti e dei doveri dell'uomo (OSA).

Risulta evidente come questo insegnamento, la cui importanza in sé è perfettamente comprensibile e dovrebbe costituire un momento di riflessione specifica e consapevole sui temi della cittadinanza, si sia prestata alla manipolazione delle coscienze sotto la dittatura militare, nello stesso modo in cui l'alfabetizzazione degli adulti, pur adottando le accortezze dei metodi di Paulo Freire, sia stata "corretta" per insegnare a leggere e a scrivere, senza dover approfondire la ragion d'essere del contenuto studiato. Tutto ciò riporta al tema della politicità dell'educazione, che può tendere alla liberazione e all'emancipazione delle persone, aiutandole a sviluppare la propria umanità, o ridurle a *ricettori di trasmissioni tecniche*, utili, ma non per questo stimolanti all'uscita dal kantiano stato di minorità. Decidere quale direzione imprimere all'educazione e alla pedagogia significa scegliere quale società costruire, attraverso la costruzione *umanizzante* o *manipolatoria* dell'essere umano e del cittadino.

Ringraziamenti

Desidero innanzitutto ringraziare il prof. Ignazio Volpicelli e il prof. Carlo Cappa, del Dipartimento di storia, patrimonio culturale, formazione e società dell'Università di Roma "Tor Vergata", per il confronto, i consigli e la fiducia dimostratami nell'ambito del progetto di ricerca «Pedagogia e *lifelong learning* in Brasile», di cui il presente lavoro è uno dei frutti. Ringrazio anche la prof.ssa Elvira Lozupone, la prof.ssa Carla Roverselli, il prof. Franco Salvatori e tutti i colleghi e le colleghe del Dipartimento con cui ho avuto occasione di discutere e approfondire i molteplici aspetti dei temi qui trattati. Un ringraziamento va anche al personale amministrativo, la cui disponibilità e solerzia è senza pari; in particolare, alla dott.ssa Marika Burri, alla sig.ra Marcella Fabretti e al sig. Cesare De Angelis.

Desidero inoltre ringraziare il prof. José Euzébio de Olveira Souza Aragão e la prof.ssa Joyce Mary Adam del Departamento de Educação dell'Universidade Estadual Paulista "Júlio de Mesquita Filho", Campus di Rio Claro (SP), nonché la prof.ssa Adriana Dragone Silveira del Departamento de Planejamento Escolar della Universidade Federal do Paraná, per il supporto e l'interesse dimostrati verso questa ricerca.

Infine, ringrazio mia moglie Carla Regina, compagna di vita e grande amica, senza la quale non avrei conosciuto il mondo, né raggiunto tale risultato, professionale e umano.

Bibliografia

Testi di Paulo Freire in lingua originale

FREIRE P., *Educação e atualidade brasileira*, Universidade Federal do Recife 1959.

FREIRE P., *A propósito de uma administração*, Imprensa Universitaria, Recife 1961.

FREIRE P., *Alfabetização e conscientização*, Editora Emma, Porto Alegre 1963.

FREIRE P., *Educação como pratica da liberdade*, Paz e Terra, Rio de Janeiro 1967.

FREIRE P., *Extención o Comunicación?*, Instituto de Capacitación e Investigación en Reforma Agrária, Santiago de Chile 1969 (*Extensão ou Comunicação?*, Paz e Terra, Rio de Janeiro 1979).

FREIRE P., *Pedagogia do oprimido*, Ed. Zahar, Rio de Janeiro 1970.

FREIRE P., ILLICH I., FURTER P., *Education para el cambio social*, Tierra Nueva, Buenos Aires 1974.

FREIRE P., ILLICH I., *Dialogo in Seminario. Invitaction A Concientizar y Desescollarizar: Conversation permanente*, Ginevra 1974.

FREIRE P., BONDY A., *Que es la Coscientizacion y come funziona?*, Editoril Causachum, Lima 1975.

FREIRE P., RUIZ OLABUENAGA J., et alii, *Paulo Freire : Coscientizacion y andragogia*, Paidos, Buenos Aires 1975.

FREIRE P., *Ação Cultural para a Liberdade e outros Escritos*, Paz e Terra, Rio de Janeiro 1975.

FREIRE P., *Cartas à Guiné-Bissau. Registros de uma experiência em processo*, Paz e Terra, Rio de Janeiro 1977.

FREIRE P., *Os cristãos e a libertação dos oprimidos*, Edições Base, Lisboa 1978.

FREIRE P., *Cosciencia e historia: a praxis educativa de Paulo Freire*, Lodola, São Paulo 1979.

FREIRE P., *Multinacionais e trabalhadores no Brasil*, Brasiliense, São Paulo 1979.

FREIRE P., CECCON, CLAUDIUS, OLIVEIRA, ROSISKA DARCY, et alii, *Vivendo e aprendendo. Experiencias do IDAC em educação popular*, Brasiliense, São Paulo 1980.

FREIRE P., *Conscientização*, Ed. Morares, São Paulo 1980.
FREIRE P., *Educação e mundança*, Paz e Terra, Rio de Janeiro 1981.
FREIRE P., *Ideologia e educação: reflexões sobre a não neutralidade da educação*, Paz e Terra, Rio de Janeiro 1981.
FREIRE P., *Educação como prática da liberdade*, Editora Cortez/Associados, São Paulo 1982.
FREIRE P., *A importancia do ato de ler*, Editora Cortez/Associados, São Paulo 1982.
FREIRE P., *Educação popular*, Todos Irmaos, Lins (SP) 1982.
FREIRE P., GUIMARÃES S., *Sobre educação (Diálogos)*, 3 voll., Paz e Terra, Rio de Janeiro 1982 (ripubblicati nel 2011 come tre volumi indipendenti: *Partir da infância. Diálogos sobre educação*; *Educar com a mídia. Novos diálogos sobre educação*; *Lições de casa. Ultimos diálogos sobre educação*).
FREIRE P., VANNUCCHI A., et alii, *Paulo Freire ao vivo*, Loyola, São Paulo 1983.
FREIRE P., BETTO F., *Essa escola chamada vida*, Atica, São Paulo 1985.
FREIRE P., FAUNDEZ A., *Por uma pedagogia da pergunta*, Paz e Terra, Rio de Janeiro 1985.
FREIRE P., NOGUEIRA A., MAZZA D., *Fazer escola conhecendo a vida*, Papirus, Campinas (SP) 1986.
FREIRE P., SHOR I., *Medo e ousadia: o cotidiano do professor*, Paz e Terra, Rio de Janeiro 1987.
FREIRE P., GUIMARÃES S., *Aprendendo com a própria história*, 2 voll., Paz e Terra, Rio de Janeiro 1987 (ripubblicati nel 2011 come due volumi indipendenti: *Aprendendo com a própria história*; *Dialogando com a própria história*).
FREIRE P., NOGUEIRA A., *Na escola que fazemos. Uma reflexão interdisciplinar em educação popular*, Vozes, Petrópolis 1988.
FREIRE P., GUIMARÃES S., GADOTTI M., *Pedagogia: diálogo e conflito*, Cortez, São Paulo 1989.
FREIRE P., D'ANTOLA A., *Disciplina na escola: autoridade versus autoritarismo*, Epu, São Paulo 1989.
FREIRE P., DAMASCENO A., *Educação como ato politico partitario*, Cortez, São Paulo 1989.
FREIRE P., NOGUEIRA A., *Que fazer: teoria e pratica em educação popular*, Vozes, Petrópolis 1989.
FREIRE P., NOGUEIRA A., et alii, *Paulo Freire: trabalho, comentário, reflexão*, Vozes, Petrópolis 1990.
FREIRE P., *Conversando con educadores*, Roca Viva, Montevideo 1990.
FREIRE P., *Pedagogia da esperança. Um reencontro com a pedagogia do oprimido,* Paz e Terra, Rio de Janeiro 1992

FREIRE P., *Professora sim, tia não. Cartas a quem ousa ensinar*, Paz e Terra, São Paulo 1993.
FREIRE P., *Politica e educação. Ensaios*, Cortez, São Paulo 1993.
FREIRE P., *À sombra desta mangueira*, Olho d'Agua, São Paulo 1995.
FREIRE P., *Pedagogia da autonomia. Saberes necessários à prática educativa,* Paz e Terra, Rio de Janeiro 1997.
FREIRE P., *Pedagogia da indignação. Cartas pedagógicas e outros escritos*, Ed. Unesp, São Paulo 2000.
FREIRE P., GUIMARÃES S., *A África ensinando a gente*, Paz e Terra, São Paulo 2003.
FREIRE P., *Pedagogia da Tolerância*, Paz e Terra, 2013.
FREIRE P., FREIRE N., FERREIRA DE OLIVEIRA W., *Pedagogia da solidariedade*, Paz e Terra, 2014.

Traduzioni in italiano

FREIRE P. (a cura di), *Le forme dell'Umanesimo Contemporaneo*, Città Nuova, Roma 1974.
FREIRE P., *Educazione come pratica di libertà,* Mondadori, Milano 1974.
FREIRE P., *Educazione, liberazione e chiesa*, in CONE J.H., ASSMANN H., FREIRE P., BODIPO-MALUMBA E.I., *Teologie dal Terzo Mondo. Teologia nera e teologia latino-americana della liberazione*, "Giornale di Teologia" n.76, Editrice Queriniana, Brescia 1974.
FREIRE P., *Pedagogia in cammino: lettere dalla Guinea-Bissau*, Mondadori, Milano 1979.
FREIRE P., BETTO F., *Una scuola chiamata vita*, EMI, Bologna 1986.
FREIRE P., GUIMARÃES S., GADOTTI M., *Pedagogia: dialogo e conflitto*, Edizioni SEI, Torino 1995.
FREIRE P., *La pedagogia degli oppressi*, Edizioni Gruppo Abele, Torino 2002.
FREIRE P., *Pedagogia dell'autonomia. Saperi necessari per la pratica educativa*, Edizioni Gruppo Abele, Torino 2004.
FREIRE P., *Pedagogia della speranza. Un nuovo approccio alla pedagogia degli oppressi*, Edizioni Gruppo Abele, Torino 2007.
FREIRE P., MACEDO D.P., *Cultura, lingua, razza: un dialogo*, Forum Edizioni, Udine 2008.

Testi su Paulo Freire in portoghese

ARAÚJO FREIRE A.M., *Paulo Freire: uma historia de vida*, Vila Das Letras, Sao Paulo 2006.

Araújo Freire A.M., Vittoria P., *Dialogos sobre Paulo Freire*, Ed. Crec, Valencia 2007.

Barreto V., *Paulo Freire para educadores*, Arte & Ciência, São Paulo 1998.

Beisiegel C. de R., *Paulo Freire*, Fundação Joaquim Nabuco/Editora Massangana, Recife 2010.

Brandão C.R., *O que è mètodo Paulo Freire*, Brasiliense, São Paulo 1981.

Cabral G., *Paulo Freire e justiça social*, Vozes, Petrópolis 1984.

Cunha D.A., *As utopias na educação ; ensaios sobre as propostas de Paulo Freire*, Paz e Terra, Rio de Janeiro 1985.

Damke I., *O processo do conhecimento na pedagogia da libertaçao: as idèias de Freire*, Vozes, Petrópolis 1995.

Gadotti M., *Convite à leitura de Paulo Freire*, Scipione, São Paulo 1989.

Gadotti M. (a cura di), *Paulo Freire. Uma biobibliografia*, Cortez Editora, São Paulo 1996.

Hernàndez I., *Educação e sociedade indigena: uma aplicação bilingüe do mètodo Paulo Freire*, Cortez, São Paulo 1981.

Humbert C., *Coscientização: a esperiência e a investigação de Paulo Freire*, Cortez, São Paulo 1981.

Kohan W., *Paulo Freire, mais do que nunca: uma biografia filosófica*, Vestígio, Belo Horizonte 2019.

Jannuzzi G., *Confronto pedagògico: Paulo Freire e Mobral*, Cortez & Morares, São Paulo 1979.

Jorge J., *Sem òdio nem violência: a perspectiva da liberdade segundo Paulo Freire*, Loyola, São Paulo 1979.

Jorge J., *Educação critica e seu mètodo*, Loyola, São Paulo 1979.

Jorge J., *Libertação, uma alienação? A metodologia antropologica de Paulo Freire*, Loyola, São Paulo 1979.

Jorge J., *A ideologia de Paulo Freire*, Lodola, São Paulo 1979.

Mackie R., *Comunicação e cultura: as idèias de Paulo Freire*, Paz e Terra, Rio de Janeiro 1981.

Moura M., *O pensamento de Paulo Freire; uma revolução na educação*, Multinova, Lisboa 1978.

Paiva V., *Paulo Freire e o nacionalismo desenvolvimentista*, Civilização Brasilera, Rio de Janeiro 1980.

Poel M.S., *Alfabetização de adultos: sistema Paulo Freire: estendo de caso num presidìo*, Vozes, Petrópolis 1981.

Saul A. M., *Paulo Freire e a formação de educadores: multiplos olhares*, Articulação Universade/Escola, São Paulo 2000.

Saul A. M., *Paulo Freire na atualidade. Legado e reinvenção*, Revista e-Curriculum, São Paulo, v. 14, n. 1, p. 09-34, gennaio-marzo 2016.

Schelling V., *A presença do povo na cultura brasileira: ensaio sobre o pesamento de Màrio de Andrade e Paulo Freire*, Ed.Unicamp, Campinas 1990.
Schuster E., *Comunicação e cultura: as idèias de Paulo Freir*, Ed. Unicamp, Campinas 1990.
Scocuglia A., *A història das idèias de Paulo Freire e a atual crise de paradigmas*, Editora Universitaria, 1999.
Souza A.I. (org.), *Paulo Freire: vida e obra*, Expressão Popular, São Paulo 2001.
Torres C.A., *Leitura critica de Paulo Freire*, Loyola, São Paulo 1981.
Torres C.A., *Pedagogia da luta: da pedagogia do oprimido à esola pùblica popular*, Papirus, Campinas 1997.
Torres R.M., *Educação Popular: um incontro com Paulo Freire*, Loyola, São Paulo 1987.

Testi su Paulo Freire in italiano

Aa. Vv., *Paulo Freire: pratica di un'utopia*, Berti, Milano 2003.
Altomare V., *La parola liberatrice. La pedagogia di Paulo Freire*, Pazzini, Villa Verucchio (RN) 2009.
Adrianopoli Cardullo M., *Paulo Freire: un percorso di apprendimento e di coscentizzazione,* Le Mani, Genova 2004.
Catarci M., *La pedagogia della liberazione di Paulo Freire*, FrancoAngeli, Roma 2016.
Del Grande S. (a cura di), *Memorabila: Paulo Freire,* fascicolo monografico del "Notiziario CDP", n. 161, gennaio-febbraio, Centro di documentazione Pistoia, 1999.
Elia G., *Paulo Freire. Una scelta per l'utopia*, Adda, Bari 1984.
Ferrari M., *L'attualità di Paulo Freire in riferimento alla società occidentale*, in Pati L. (a cura di), *La conciliazione famiglia-lavoro*, Rivista «La Famiglia», n.48/258 – Annuario 2014, Editrice La Scuola, Brescia.
Ferrari M., *Estensione o comunicazione? Analisi di un contributo di Paulo Freire al processo teorico pratico dell'educazione comunicativa*, in Pati L. (a cura di), *La memoria familiare*, Rivista «La Famiglia», n. 50/260 – Annuario 2016, Editrice La Scuola, Brescia.
Ferrari M., *A proposito degli oppressi. Forme ed esperienze di interventi educativi nella prospettiva pedagogica freiriana*, in «I problemi della pedagogia», n. 1/2019, Anicia, Roma.
Guidolin E., Bello R., *Paulo Freire. Educazione come liberazione*, Gregoriana Libreria Editrice, Padova 1989.

GADOTTI M., *Leggendo Paulo Freire. Sua vita e opere,* Edizioni SEI, Torino 1995.
GADOTTI M., *Il messaggio di Paulo Freire. Dieci punti per una riflessione*, intervento per il 3° Forum Internazionale Paulo Freire *Re-inventando un messaggio*, CNCA – Centro Sociale Ambrosiano, Milano, 25 maggio 2002.
PASSETTI E., *Conversazioni con Paulo Freire il viandante dell'ovvio*, Eleuthera, Milano 1996.
PEZZA G., *Paulo Freire e la comunicazione partecipativa-transazionale*, Aracne, Roma 2009.
ROSSI L., *Paulo Freire profeta di liberazione*, Ed. Qualevita, Torre dei Nolfi 1998.
SCHETTINO B., TORIELLO F. (a cura di), *Paulo Freire. Educazione etica e politica per una pedagogia del Mediterraneo*, Luciano 2008.
TAGLIAVIA A., *L'eredità di Paulo Freire. Vita, pensiero, attualità pedagogica dell'educatore del mondo*, EMI, Bologna 2011.
TELLERI F., *Il metodo Paulo Freire. Nuove tecnologie e sviluppo sostenibile.* Con CD-ROM, Clueb, Bologna 2002.
VITTORIA P., *Narrando Paulo Freire. Per una pedagogia del dialogo*, Delfino Editore, Roma 2008.

Altri testi citati

ARRUDA ARANHA M.L., *Historia da Educação e da Pedagogia. Geral e Brasil*, Editora Moderna, São Paulo 2010.
AZEVEDO F., *A cultura brasileira: introdução ao estudo da cultura no Brasil*, Editora UnB, Brasilia 1963.
BALDACCI M., *Per un'idea di scuola. Istruzione, lavoro e democrazia*, FrancoAngeli, Roma 2014.
BERTAGNA G. (a cura di), *Educazione e formazione. Sinonimie, analogie, differenze*, Studium, Roma 2018.
BOFF L., *Teologia della cattività e della liberazione*, Queriniana, Brescia 1977.
BOTO C., *Iluminismo e educação em Portugal: o legado do século XVIII ao XIX*, in STEPHANOU M. e CAMARA BASTOS M.H. (a cura di), *Histórias e memórias da educação no Brasil*, vol. I: *Séculos XVI-XVIII*, Editora Vozes, Petrópolis 2004.
BOURNE R., *Getúlio Vargas - A Esfinge dos Pampas*, Geração Editorial, São Paulo 2012.
CAMBI F., *Le pedagogie del Novecento*, Laterza, Roma-Bari 2005.

CARPINELLI C., *L'attualità dell'insegnamento di Anton Semënovič Makarenko*, in «Gramsci oggi», n. 4-5 [2010].

CARVALHO R., *História do Ensino em Portugal, desde a fundação da nacionalidade até ao fim do regime de Salazar-Caetano*, Lisboa, 1986.

CASTRO F., *Socialismo e comunismo: un processo unico*, Feltrinelli, Bologna 1969.

CIMENT J. (ed.), *Encyclopedia of Conflicts Since World War II*, Routledge, New York 2007.

CIVES G., *Maria Montessori. Pedagogista complessa*, ETS, Pisa 2001.

COLONNELLO P., *La filosofia latinoamericana*, in MELCHIORRE V. (a cura di), *Filosofie nel mondo*, Bompiani, Milano 2014.

COMTE A., *Système de politique positive ou Traité de sociologie, instituant la Religion de l'Humanité*, Parigi, 1851.

COUTINHO C.N., *Il pensiero politico di Gramsci*, Unicopli, Milano 2006.

CUNHA L.A., *Educação, Estado e democrazia no Brasil*, Cortez Editora, São Paulo 1995.

CUNHA L.A., *O ensino de oficios artesanais e manufatureiros no Brasil escravocrata*, in Manfredi S.M., *Educação profissional no Brasil*, Cortez, São Paulo 2002.

DEWEY J., *Scuola e società*, trad. it. di E. Codignola e L. Borghi, Firenze, La Nuova Italia, 1954.

DOMÍNGUEZ J., *Cuba: Order and Revolution*, The Belknap Press, Cambridge 1978.

DUSSEL E., *Filosofia della liberazione*, Queriniana, Brescia 1992.

DUSSEL E., *Etica de la liberación, en la época de la globalización y de la exclusión*, Madrid 1998.

DUSSEL E., *Un Marx sconosciuto*, Manifestolibri 1999.

DUSSEL E., *L'ultimo Marx*, Manifestolibri 2009.

FANON F., *Peau noire, masques blancs*, Éditions du Seuil, Paris 1952 (trad. it. *Il negro e l'altro*, Il Saggiatore, Milano 1965).

FERRARI M., *Biblioteca e formazione della cittadinanza attiva nell'era digitale*, Anicia, Roma 2015.

FRANCA L., *O método pedagogico dos jesuítas: o "Ratio Studiorum"*, Livraria Agir Editora, Rio de Janeiro 1952.

FREITAS M.C., BICCAS M., *Historia social da educação no Brasil (1926-1996)*, Cortez Editora, São Paulo 2009.

FURIATI C., *La Storia mi assolverà*, Il Saggiatore, Milano 2002 (l'edizione citata nel testo è Il Saggiatore/NET, Milano 2005).

GALEANO E., *Le vene aperte dell'America Latina*, Einaudi, Torino 1976.

GARCIA WEREBE M.J., *Grandezas e misérias do ensino no Brasil*, Difusão Europeia do Livro, 1970.

GIANNASI A., *Il Brasile in guerra: la Força expedicionária brasileira in Italia (1944-1945)*, Carocci, Roma 2014.
GOMES L., *1808*, Editora Planeta, 2008.
GOMES L., *1822*, Editora Nova Fronteira, 2010.
GRAMSCI A., *Le opere*, Editori Riuniti, Roma 1997.
GUEVARA E., *Il socialismo e l'uomo a Cuba* (marzo 1965), Baldini&Castoldi, Milano 1996.
GUEVARA E., *Creare due, tre, molti Vietnam* (aprile 1967), Edizioni Alegre, Roma 2006.
GUTIÉRREZ G., *Teologia della liberazione. Prospettive*, Queriniana, Brescia 1972.
JESI F., *Cultura di destra*, Garzanti, Milano 1979.
LAPASSADE G., *L'autogestione pedagogica*, FrancoAngeli, Milano 1973.
LIGUORI G., *Gramsci conteso. Storia di un dibattito 1922-1996*, Editori Riuniti, Roma 1996.
MAGALHÃES M., *Marighella: O guerrilheiro que incendiou o mundo*, Companhia das Letras, São Paulo 2012.
MANACORDA M.A., *Il principio educativo in Gramsci*, Armando, Roma 1970.
MAO Z., *Scritti filosofici*, La Città del Sole, Napoli 2008.
MARIANO N., *As Garras do Condor*, Vozes, São Paulo 2003.
MARIÁTEGUI J.C., *Siete ensayos de interpretación de la realidad peruana*, Amauta, Lima 1928 (trad. it. L. Bordignon, *Sette saggi di interpretazione della realtà peruviana,* Massari Editore, Bolsena 2006).
MARIÁTEGUI J.C., *Defensa del Marxismo*, Amauta, Lima 1929 (trad. it. L. Lorenzini, *Difesa del marxismo*, Edizioni Fahrenheit 451, Roma 1996).
MARIGHELLA C., *Escritos de Carlos Marighella*, Editorial Livramento, São Paulo 1979.
PINHEIRO P.S., *Estratégias da ilusão: a revolução mundial e o Brasil 1922-1935*, Companhia das Letras, São Paulo 1991.
POLITI S., *Uno di loro. Pensieri ed esperienze di un prete operaio*, Gribaudi, Milano 1989.
RAMIREZ S., *Adiòs Muchachos. Una memoria della rivoluzione sandinista*, Frilli, Genova 2003.
REIS FILHO D.A., *Luís Carlos Prestes: um revolucionário entre dois mundos*, Companhia das Letras, São Paulo 2014.
RIBEIRO M.L.S., *História da educação brasileira: a organização escolar*, Autores Associados, Campinas 2001.
ROCHA Z., *Helder, o dom: uma vida que marcou os rumos da Igreja no Brasil*, Vozes, Petropolis 2000.
RODRIGUES E., INÁCIO FILHO G., *Educação Moral e Cívica e Ensino de História, aportes disciplinares de formação: um estudo comparado*, in

«Revista HISTEDBR On-line», Campinas, n. 45, p. 139-152, marzo 2012 (vedere anche sitografia).

SALMERI S. (a cura di), *Pedagogia e politica. Per le buone pratiche educative e per la formazione del cittadino in democrazia*, Città Aperta Edizioni / Kore University Press, Enna 2009.

SÁNCHEZ VÁZQUEZ A., *Il marxismo latinoamericano di Mariátegui. Grandezza e originalità di un marxista latinoamericano*, in MARIÁTEGUI J.C., *Sette saggi di interpretazione della realtà peruviana*, Massari Editore, Bolsena 2006.

SCHWARZ L.M., *A longa viagem da Biblioteca dos Reis. Do terremoto de Lisboa à Indipendência do Brasil*, Companhia das Letras, São Paulo 2002.

SCHWARCZ L.M., *As barbas do Imperador: Dom Pedro II, um monarca nos trópicos*, Companhia das Letras, São Paulo 1998.

SCUOLA DI BARBIANA, *Lettera a una professoressa*, Libreria Editrice Fiorentina, Firenze 1967.

SHOR I., *Critical Teaching and Everyday Life*, University of Chicago Press, Chicago 1980.

SHOR I., *Empowering Education. Critical Teaching for Social Change*, University of Chicago Press, Chicago 1992.

SPADAFORA G., *L'educazione per la democrazia. Studi su John Dewey*, Anicia, Roma 2015.

TAGLIAVIA A., *L'eredità di Paulo Freire*, EMI, Bologna 2011.

TORRES C., *Liberazione o morte*, Feltrinelli, Milano 1969.

TRENTO A., *Castro e Cuba*, Giunti, Firenze 2005.

U.S. DEPARTMENT OF STATE, *The Department of State Bulletin*, Vol. 43, Part 1.

VARGAS G., *A nova política do Brasil*, Volume 8, José Olympio Editora, 1940.

VOLPICELLI I., *Costruzione e struttura della pedagogia generale. Saggio su Herbart*, Pensa Multimedia, Lecce 2016.

Sitografia

Documenti (in ordine temporale)

Constituição Política do Império do Brasil (1824), http://www.planalto.gov.br/ccivil_03/Constituicao/Constituicao24.htm

Carlos Leôncio de Carvalho, *Decreto n. 7.247 de 29 de abril de 1879*, http://www2.camara.leg.br/legin/fed/decret/1824-1899/decreto-7247-19-abril-1879-547933-publicacaooriginal-62862-pe.html

Ruy Barbosa, *Projeto de Reforma do Ensino Secondario*, http://www2.senado.leg.br/bdsf/item/id/242371

FNEP, *Decreto n. 19.513 de 25 de agosto de 1949*, http://www2.camara.leg.br/legin/fed/decret/1940-1949/decreto-19513-25-agosto-1945-479511-publicacaooriginal-1-pe.html

Diretrizes e Bases da Educação Nacional, Lei n. 4.024/61, http://www.planalto.gov.br/CCIVIL_03/leis/L4024.htm

Lei de Segurança Nacional, de 13 de março de 1967, http://www2.camara.leg.br/legin/fed/declei/1960-1969/decreto-lei-314-13-marco-1967-366980-publicacaooriginal-1-pe.html

Ato Intitucional n. 5, de 13 de dezembro de 1968, http://www.planalto.gov.br/ccivil_03/AIT/ait-05-68.htm

MOBRAL, *Decreto n. 62.455 de 22 de março de 1968*, http://www2.camara.leg.br/legin/fed/decret/1960-1969/decreto-62455-22-marco-1968-403852-publicacaooriginal-1-pe.html

Infrações disciplinares praticadas por professôres, Decreto-lei n. 477/69, http://www.planalto.gov.br/ccivil_03/decreto-lei/1965-1988/Del0477.htm

Educação Moral e Cívica, Decreto-lei n. 869, de 12 de setembro de 1969, https://www2.camara.leg.br/legin/fed/declei/1960-1969/decreto-lei-869-12-setembro-1969-375468-publicacaooriginal-1-pe.html

Constituição da República Federativa do Brasil (1988), http://www.planalto.gov.br/ccivil_03/Constituicao/Constituicao.htm

Diretrizes e Bases da Educação Nacional, Lei nº 9.394, de 20 de dezembro de 1996, http://www.planalto.gov.br/ccivil_03/leis/L9394.htm

Paulo Freire Patrono da Educação Brasileira – Comunicação Lei n°12.612 de 2012, http://portal.mec.gov.br/component/content/article?id=17681:paulo-freire-e-declarado-o-patrono-da-educacao-brasileira

Sugestão legislativa, SUG 47/2017, https://www12.senado.leg.br/ecidadania/visualizacaoideia?id=90310

BOLSONARO J., *O caminho da prosperidade. Proposta de plano de governo, 2018*, https://flaviobolsonaro.com/PLANO_DE_GOVERNO_JAIR_BOLSONARO_2018.pdf

Educação Moral e Cívica, Lei n. 8.663, de 14 de junho de 1993 (revoca dell'obbligatorietà), https://presrepublica.jusbrasil.com.br/legislacao/127628/lei-8663-93

Testi (in ordine di citazione)

Luís da Cunha, *Testamento Político*, http://www.arqnet.pt/portal/portugal/documentos/dlc_testamento1.html

António Ribeiro Sanches, *Cristãos novos e Cristãos velhos em Portugal*, http://www.estudosjudaicos.ubi.pt/rsanches_obras/cristaosnovos_cristaosvelhos.pdf

António Ribeiro Sanches, *Cartas sobre a Educação da Mocidade*, http://www.estudosjudaicos.ubi.pt/rsanches_obras/cartas_educacao_mocidade.pdf

Luís António Verney, *Verdadeiro Método de Estudar, para ser útil à República e à Igreja: proporcionado ao estilo, e necessidade de Portugal*, https://archive.org/details/verdadeiromtodod01vern

TANURI L.M., *História da formação de professores*, in *Revista Brasileira de Educação*, n. 14/2000, Anped Campinas, http://www.scielo.br/pdf/rbedu/n14/n14a05

REZENDE M.J. DE, *A Ditadura Militar no Brasil - Repressão e Legitimidade 1964-1984*, Eduel (livro digital), 2013, http://www.uel.br/editora/portal/pages/arquivos/ditadura%20militar.pdf

Consiglio Episcopale Latinoamericano, http://www.celam.org/

Liberatis Nuntius - Istruzione su alcuni aspetti della «Teologia della Liberazione» (1984), http://www.vatican.va/roman_curia/congregations/cfaith/documents/rc_con_cfaith_doc_19840806_theology-liberation_it.html

Libertatis Conscientia - Istruzione sulla libertà cristiana e la liberazione (1986), http://www.vatican.va/roman_curia/congregations/cfaith/documents/rc_con_cfaith_doc_19860322_freedom-liberation_it.html

Notificazione [sul caso Sobrino] (2007), http://www.vatican.va/roman_curia/congregations/cfaith/documents/rc_con_cfaith_doc_20061126_notification-sobrino_it.html

Evangelii gaudium (2013), http://w2.vatican.va/content/francesco/it/apost_exhortations/documents/papa-francesco_esortazione-ap_20131124_evangelii-gaudium.html

Mariátegui J.C., *El hombre y el mito*, Mundial, Lima 1925, https://www.marxists.org/espanol/mariateg/oc/el_alma_matinal/paginas/el%20mito%20y%20el%20hombre.htm

Allende S., *Primer mensaje al Congreso Pleno*, https://es.wikisource.org/wiki/Primer_mensaje_al_Congreso_Pleno_de_Salvador_Allende_(21_de_mayo_de_1971)

Projeto MOVA-Brasil, http://www.memorial.movabrasil.org.br:8080/jspui/

Antunes Â., Padilha P. R., *Metodologia MOVA*, Cadernos de Formação, Projeto MOVA-Brasil, 2011, http://memorial.movabrasil.org.br:8080/xmlui/handle/1234/350

Colégio Oswaldo Cruz, https://www.oswaldocruz.br/www/view/

Manfredi S. M., Reggio P., *Educazione e coscienza critica. Note sul concetto di "coscientizzazione" di Paulo Freire*, documento dell'Istituto Paulo Freire, https://paulofreire.it/documenti

Areias de Souza P.R., *O inicio do processo de redemocratização do Brasil após a Ditadura Militar*, in "Âmbito Jurídico" [2008], http://www.ambito-juridico.com.br/site/index.php?n_link=revista_artigos_leitura&artigo_id=6239

Dialoghi con Paulo Freire (1989), http://raiscuola.rai.it/articoli/paulo-freire-pedagogia-degli-oppressi/3932/default.aspx

Escola Sem Partido, https://www.programaescolasempartido.org/

Movimento Brasil Livre, https://mbl.org.br/propostas/

Green E., *What are the most cited publications in the social sciences according to Google Scholar*, https://blogs.lse.ac.uk/impactofsocialsciences/2016/05/12/what-are-the-most-cited-publications-in-the-social-sciences-according-to-google-scholar/

Educação Moral e Civica (1970), http://livros01.livrosgratis.com.br/me002124.pdf

Rodrigues E., Inácio Filho G., *Educação Moral e Cívica e Ensino de História, aportes disciplinares de formação: um estudo comparado*, https://www.researchgate.net/publication/312646640_Educacao_moral_e_civica_e_ensino_de_historia_aportes_disciplinares_de_formacao_um_estudo_comparado

Finito di stampare
nel mese di gennaio 2020
per i tipi dell'Editoriale Anicia S.r.l.